先が見えない時代を予測する

リトルウッドの法則

「人は約1カ月に一度は奇跡を体験している」

ジャムの法則

「人は選択肢が多過ぎると選択しにくくなる」

「努力すればするほど、望まない結果を招いてしまう」

努力逆転の法則

株式会社 数学アカデミー代表取締役

鈴木伸介

Contents

予測を立てる時に役立つ！

社会・経済の法則

相手の心を読む！

恋愛の法則

身近な人と共有したい！

経験・あるあるの法則

明日を切りひらく！

自己実現の法則

心を整える！

人生・哲学の法則

これからの必須教養！

コンピューター・インターネットの法則

知っていると楽しい！

生物の法則

最強ツール！
数学・工学の法則

不確かな時代を生き抜く！
医学の法則

はじめに

早速ですが、私たちが法則を知ることの意味とは何でしょうか？

皆さんも感じている通り、我々が生きる現代はスピードの変化も激しく、また先に何が起こるかの予測がますます困難になっている時代でもあります。

新型コロナウイルス感染症のまん延により、生活やビジネスがこれほど大きく変化するとは、一体誰が想像したでしょうか。

また世界情勢はますます不確実性を増してきており、この後世界がどんな方向に進んでいくのか、先の読めない状況が続いています。

そんな不確実性が高く変化の多いこの時代に、何を指針とすれば良いのでしょう。

私はそのヒントこそが、「法則」に隠されていると思います。

法則、それは長年にわたる人類の知恵の集合です。

歴史上のどこかで誰かが、経験や理論を基に生み出したルール、それが法則です。

本書ではビジネスから科学技術、さらには恋愛に至るまで、さまざまなシーンで今すぐ活用できる法則を100項目にわたって紹介しています。

これらの中には、皆さんがすでに知っているものもあるでしょうし、中には「あー、なるほどな」と納得できるもの、「そうだったのか！」と驚きを覚えるものもあるでしょう。
それらの法則を知ることで、ビジネスの施策や提案を行う際に見通しを語ることができたり、仮説を立てたりするときのヒントになったりします。
また、自分が陥っている逆境がどんなものか、俯瞰することもできます。
もちろんこの他にも法則はさまざまなシーンで役立ちます。

本書を監修して感じたのは、法則の面白さは、理論的な根拠があるというより、人間の経験や感覚から生まれるものが多い、ということでした。
法則にはどこか、「人間の血」が通っているような気がするのです。それを発見した人の人間模様が透けて見えてくるのです。
そこに、「法則」というものが人を惹きつける一つの理由があるのかもしれません。

本書で紹介される100個の法則を知ることこそが、VUCAの時代を乗り越えるヒントになる、と感じています。
どれだけ変化が激しい時代だとはいえ、そこには必ず人間がいます。
そして人間の本質は、これまでもこれからも大きく変わることはないでしょう。
その人間が生み出してきた「法則」、これを私たちが知る意義は大いにあります。

仮説が立てやすくなる！

ビジネスの法則

1：5の法則

新規の顧客を獲得し、販売するために必要なコストは、既存の顧客を維持し、販売するためのコストの5倍かかるという法則。「イチ(1)ゴ(5)の法則」ともいう。

提唱者

フレデリック・F・ライクヘルド（作家、ビジネスストラテジスト）

提唱年

不明

新規顧客を獲得してサービスや商品を販売するためには、広告費やキャンペーン費などが必要となるため、結果として既存顧客（リピーター）を維持するための費用よりもコストがかかり、利益率が落ちてしまうという法則。「イチ（1）ゴ（5）の法則」とも呼ばれる。

「顧客離れを5%改善すれば、利益率が25%改善される」という「5：25の法則（P.30）」を提唱した、アメリカの大手コンサルティング会社Bain & Companyの名誉ディレクター、作家のフレデリック・F・ライクヘルドによる考え方。

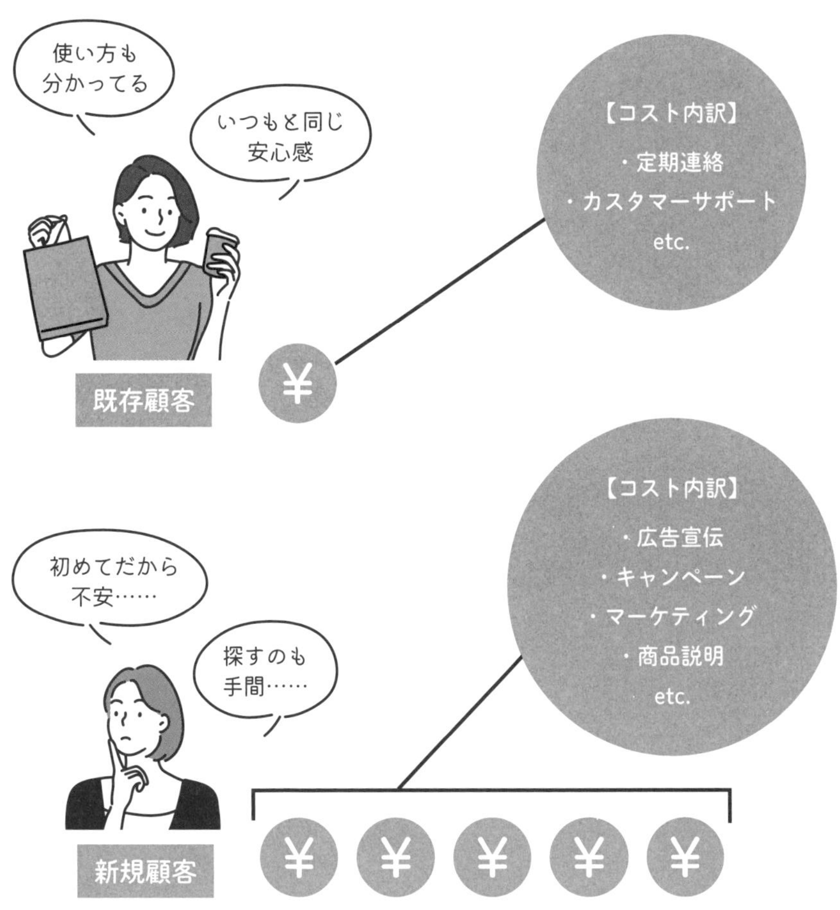

例

●営業

アポイントなしで直接訪問する飛び込み営業では、実際に新規顧客獲得につながる確率は非常に低く、成功率は3%前後ともいわれる。

●新規事業

企業がある市場で新規参入して新たに顧客を獲得するためには、その市場ですでにシェアを獲得している既存企業の5倍のコストを払う必要がある。

●広告

テレビやラジオ、新聞、雑誌などのマス広告は、商品・サービスの知名度向上には非常に大きな効果があるものの、コストがかかり、直接的な顧客の獲得は難しい。

活用

基本的に、多くの企業は新規顧客の獲得は事業成長の必須項目と考えている。しかし、1：5の法則によると、新規顧客を獲得・維持するためには高いコストがかかり、利益率が低い。新規顧客の獲得は必要だが、費用対効果に優れている既存顧客とより良い関係を築くことも重要だ。

既存顧客を維持するには、既存顧客のみを対象としたキャンペーンの提案や、メールマガジンの配信などの販促活動を行うことが大切となる。そのほか、既存顧客の「顧客ロイヤルティ」を上げる必要がある。

「顧客ロイヤルティ」とは

商品・サービスの他、企業自体に対する顧客の信頼度や愛着度を示す言葉で、1：5の法則と同様に、フレデリック・F・ライクヘルドが提唱した。ロイヤルティの高い顧客には以下のような特徴があり、「ロイヤルティ（Loyalty）」＝「忠誠心」を意味するように、その企業や商品・サービスのファンともいえる存在であり、「ロイヤルカスタマー」と呼ばれる。

- 特定の企業の商品・サービスを頻繁に購入・利用し、利用単価が高い
- 友人や家族など、他者にその商品・サービスを勧める

この顧客ロイヤルティを計測するために使う指標として、同じくライクヘルドが考案した方法が、「NPS®（ネットプロモータースコア）」と呼ばれる数値だ。

算出方法は非常にシンプルで、調査対象に「この企業（商品・サービス、ブランドなど）を他者に勧める可能性がどれくらいあるか？」といった質問をいくつかしてから、回答を集計するだけ。回答数が多いほどより正確な数値を得られるのだが、日本人のNPSは低くなる傾向にあることが知られている。

というのも、日本人はアンケートに回答する際、「0〜10」の選択肢があるとすれば、中心付近の「4〜6」を選ぶ傾向が強く、これらの数字はロイヤルティが低い「批判者」に分類されてしまうからだ。ビジネスのための指標ではあるが、NPSによってそれぞれの国民性や集団の特性が表れるのが興味深い。

2：6：2の法則

意欲的に働く上位20%、普通に働く中位60%、怠け者の20%に分かれる傾向が高いという法則。「働きアリの法則」ともいう。「パレートの法則」の発展形。

提唱者

長谷川英祐（えいすけ）（生物学者）

提唱年

2012年

経済活動の分析における非常に有名な法則で、組織において積極的に仕事をこなす上位層、普通に働く中間層、怠けている下位層の割合が2:6:2に分かれるという考え方。イタリアの経済学者ヴィルフレド・パレートが提唱した「世の中に現れる結果の8割は、それを構成する2割の要素が生み出す」という考えの「パレートの法則(P.72)」が基になっている。

この法則を発見したのは、進化生物学を専門とする北海道大学大学院准教授の長谷川英祐氏。もともと生物学の世界では「働きアリの2割は働いていない」といわれていたが、長谷川氏はそれを証明するために、アリの行動観察やコンピューターシミュレーションを用いて研究を行った。結果、働きアリの働き度合いには大きなばらつきがあり、働きアリの中で積極的に食料を集めるために働くのは全体の2割で、6割は普通に働き、残りの2割はサボっていることが判明した。さらに、よく働くアリだけのグループを作っても、働かないアリの個体が出ることが証明された。なお、働くアリと働かないアリの差は、仕事に反応する程度の差、言い換えれば「腰の重さ」であるという。

2:6:2の法則は、人間社会にも当てはまるとされ、アリは「人」に、コロニーは「組織」に例えられる。

例

●会社

売り上げに貢献している社員2割、普通の社員6割、ミスが多く足を引っ張っている社員2割。

2割の働かないアリは無駄な存在ではない

アリが一斉に働くと短期的には仕事の効率はいいが、やがて皆疲れて動けなくなり、長期的には仕事が滞ってコロニーが存続できなくなる。しかし、働かないアリがいれば、疲れて動けなくなったアリの代わりに仕事をこなすことができるため、コロニーの致命的な被害を防ぐことができるのだ。

会社の組織においても、会社がピンチのときに仕事を請け負うことができるなら、2割の下位層を組織に置いておく意味があるといえる。

活用

2:6:2の法則からも分かるように、全員が等しいレベルで仕事をすることは困難だ。まずは、組織やチームを2:6:2に分け、それぞれの層に適切なアプローチをしよう。

● 2割の上位層

上位層には、プロジェクトチームのリーダーにしたり、役職などを与えたりして、裁量権を与えよう。中位や下位の人たちをマネジメントさせることで組織全体のボトムアップが図れる。また、より高い目標を設定することで、もともとの能力をさらに伸ばすことが可能だ。ただし、ストレスをかけすぎないようフォローが必要。

● 6割の中位層

そこそこのスキルは持ち合わせているものの、自主的に課題を見つけて解決する力とモチベーションに欠けているのがこの層だ。おすすめは、中間層のみでチームを編成すること。他人任せにならずに問題解決に臨めるため、一人一人のスキルアップにつながる。

●2割の下位層

下位層は、「スキルが低い」「本人のスキルと業務のミスマッチ」「人間関係に悩んでいる」といった問題を抱えている場合が多い。まずは、ヒアリングをしながら問題を解決することが重要だ。また、簡単な課題や目標を与えて成功体験を重ね、働く意欲をかき立てるとよいだろう。

優秀な人材は2割がベストなのか？

2：6：2の法則があるからといって、優秀な人材を2割確保して満足していないだろうか。法則はあくまでも一定の傾向を表す経験則に過ぎないため、優秀な人材の割合を増やすことも可能である。しかし、前頁で先述したように、全員がよく働くアリでも組織はだめになってしまうため、注意が必要だ。

例えば、組織力が必要とされるサッカーでは、スター選手ばかりを集めたチームは弱くなるといわれている。しかし、スター選手の割合が2割のチームよりも3割のチームのほうが強く、そして最も強いチームでは6割がスター選手だったそうだ。

会社でもスポーツでも、優秀な人材を6割そろえるというのが最も高い成果につながるといえるだろう。

3：33の法則

**商品やサービスに満足した人は3人にその話を伝えるが、
不満に感じた人は33人に伝える。
悪いうわさは良いうわさよりも広がりやすいという意味。**

提唱者

不明

提唱年

不明

人は、良いことがあったときよりも、嫌なことがあったときの方が、そのストレスを発散させたり、自分の傷ついたプライドを回復するために、誰かにより伝えたくなるものだ。

「3：33の法則」はそうした人間の心理を反映したもので、提唱者は不明であり、3:33という数値にも具体的な根拠はなく、一般的な傾向を示すものだが、主にビジネスの世界における教訓として使われている。

これをビジネスの分野に当てはめた場合、ある商品やサービスに満足した顧客が良い口コミを広めるが、不満を感じた顧客は悪い口コミをその10倍以上の人に広めるということになる。

例

●飲食店

人気の飲食店だったが、一人の顧客の嫌がらせにより、レビューサイトで悪い口コミを書き込まれ、客足が大きく減ってしまった。

3Bの法則

**Beauty（美人）、Baby（赤ちゃん）、Beast（動物）の
3つの要素を使うと、目を引きやすく
好感を持たれやすいという法則。**

提唱者

不明

提唱年

不明

提唱者や提唱年は不明だが、マーケティングや広告・宣伝業界では昔から経験則として使われている手法で、Beauty（美人）、Baby（赤ちゃん）、Beast（動物）の英語の頭文字を取って「3Bの法則」と呼ばれる。

どの要素も見た人に好印象を与え、無意識につい目を引かれてしまうという心理を利用したもので、ジャンルを問わずさまざまな広告で見ることができる。

例

●Beauty（美人）

優しさや清潔感をイメージさせる。女性には憧れの存在として、男性には魅力的な存在として映る他、最近では美男子（イケメン）も同様の効果があるとして、広告に起用される事例も増えた。

●Baby（赤ちゃん）

大きな目や丸い顔といった、赤ちゃん特有の特徴を見ると、自然と警戒心が薄れて好感を抱く。心理学ではこの心理現象を「ベビーフェイス効果」といい、ビジネスだけでなく恋愛などの分野でも応用することができる。

●Beast（動物）

年齢層・性別を問わず好感度が高く、優しさやかわいらしさをイメージさせる。特に、犬や猫、ウサギ、ハムスターなどがよく使用されており、身近で小さめ、愛嬌があるといった共通点がある。

1980年代に大ブームを巻き起こしたCM動物たち

1980年代、「3B」のうちのBeast（動物）を使ったテレビCMの中で、一躍人気者になった動物たちがいる。

まずは、三菱自動車のCMで大ブレイクしたエリマキトカゲ。襟状の皮膚を広げながら後肢だけで疾走する姿が、車の走行シーンと交互に映し出されるという構成で、このコミカルな走り方をまねする子どもたちが続出したという。

本来は車を目立たせるために使われたところが、車よりもエリマキトカゲの方が話題になってしまった、珍しいパターンだ。

◀後肢だけで立つエリマキトカゲ。

そして、日清食品のカップ焼きそばのCMで登場したウーパールーパー。UFOに乗って地球にやってきた宇宙人という設定で登場し、にっこり笑っているような愛らしい表情から大ブームとなった。

なお、ウーパールーパーの正式名称は「メキシコサンショウウオ（メキシコサラマンダー）」や「アホロートル」であり、「ウーパールーパー」という名前はこのCMに起用する際、商標登録を行うために創作された日本だけの俗称だ。

▲ウーパールーパー。アステカ時代には薬効があるとして食用とされていた。

活用

ひと口に「3B」といっても、それぞれの要素を持つ効果を生かして使わないと意味がない。例えば、たばこやアルコールのCMに赤ちゃんを使ったら、好感度を上げるどころか逆効果になってしまう。

以下に、それぞれの要素をうまく使った有名な事例を挙げる。

●UNDER ARMOUR（アンダーアーマー）×Beauty（美人）

スポーツ用品メーカーのUNDER ARMOUR（アンダーアーマー）が、それまでアスリートばかりを広告に起用していたところ、2014年、あえて女性モデルのジゼル・ブンチェンをキャンペーンに起用した。

当初は賛否両論を巻き起こしたが、結果的には株価の上昇や収益増、新規顧客の獲得につながった。

●Evian（エビアン）×Baby（赤ちゃん）

ナチュラルミネラルウォーターのブランドEvian（エビアン）が2009年に公開したCM「ローラーベイビーズ」は、まだうまく歩けないような赤ちゃんたちが、突如ローラースケートで華麗なストリートダンスを踊りだすというもので、かわいらしい赤ちゃんと合成画像による動きが何とも言えないギャップを生み出し、世界中で話題となった。

このCMは、史上最も視聴された動画広告としてギネス世界記録にも認定された。

3の法則

**3という数字は多くも少なくもなく、
人間の記憶に残りやすいという心理的傾向。**

提唱者

不明

提唱年

不明

人は何か項目を示されたとき、4つ以上だと多過ぎて覚えにくく、2つだと少な過ぎて落ち着かない気分になるが、3つだと不思議と安心感があり、ちょうどよく感じるものだ。椅子の脚のように、物が物理的に安定する最小数値の3は、人の心理に安心感を与えるとされ、「世界三大○○」や「松竹梅」、「三位一体」、「三日坊主」など、3にまつわる言葉や慣用句は世界中に数多く存在する。

このように、3という数字は人間がちょうど理解しやすい数であり、記憶に残りやすく、物事を整理するのに適した数字とされていることから、マジックナンバーと呼ばれる。この法則をプレゼンテーションやスライド資料に応用すれば、より相手に伝わりやすく、説得力を持たせることができるだろう。

例

●プレゼンテーション

アップルの創業者スティーブ・ジョブズは、プレゼンテーションで必ず3つの要点を挙げた。

●キャッチコピー

外食チェーンの吉野家のキャッチコピーは「うまい、やすい、はやい」。

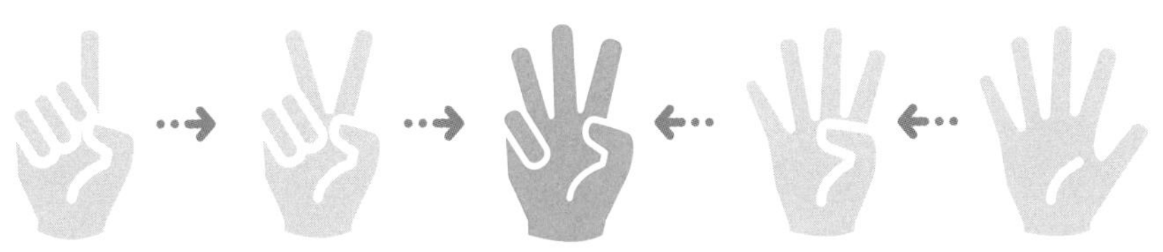

活用

「3の法則」は、ビジネス以外にも以下のようにさまざまな場面で活用されている。

●習慣化における3の法則

①3日間続ければ継続力が付く
②3週間続ければ習慣になる
③3カ月間続ければ
結果が出る

●恋愛における3の法則

①3回会えば友達か恋愛対象かどうか決まる
②出会ってから3カ月間が恋愛成就の期限
③付き合って3カ月で倦怠期になり、3年目に浮気しやすい（3年経つと恋から愛に変わる）

●勉強における3の法則

①3秒以内に問題を解き始めることができなければ、知識が身に付いていない
②3分以内に問題を解き始めることができなければ、実力では解けない
③3分経っても問題を解ける見通しが立たなければ、その問題を飛ばして次に進む

中でも有名なのが、サバイバル環境下における、過酷な状況での3の法則だ。生き残るために必要な物資の調達が不可能な場合に、人間が生きられる時間を表したもので、下記の3つ以外にも、「適切な体温を維持できなければ3時間しか生きられない」、「都市でのサバイバルは3日間生き残ることが大事」といったものもある。

3分間・3日間・3週間を略して「3・3・3の法則」とも呼ばれる。

●サバイバルにおける3の法則

①酸素がなくなるなど、呼吸ができない状態で人間が生きられる時間は3分間

②水分補給ができない状態で人間が生きられる時間は3日間

③食料補給・栄養補給ができない状態で人間が生きられる時間は3週間

5：25の法則

**顧客離れを5%改善することにより、
利益率が25%以上改善されるという法則。**

提唱者

**フレデリック・F・ライクヘルド
（作家、ビジネスストラテジスト）**

提唱年

不明

「新規顧客の獲得には、既存顧客を維持するコストの5倍かかる」という「1：5の法則（P.12）」に基づいた考え方で、同じくフレデリック・F・ライクヘルドによって提唱された。企業の収益アップには、新規顧客を開拓するよりも、既存顧客が離反する確率を下げることや、既存顧客への販売を増加させることの方が重要だということを示している。

顧客離れを防ぐことで得られるメリットは次の通りだ。

●新規顧客を獲得してくれる

商品・サービスを一度購入し、満足した既存顧客が、口コミや紹介などによって新規顧客を連れてきてくれることで、営業コストを下げられる。

●説明コストを抑えられる

すでに商品・サービスを購入し、知識があるため、販売者が再度説明する必要がなく、説明にかかるコストを下げられるほか、時間も短縮できる。

●顧客単価が上がる

既存顧客は新規顧客に比べ、前回購入した商品・サービスよりも、さらにグレードの高い高額商品や類似商品を購入する可能性が高い。

たった5%の離反率を改善すれば、一つ一つの利益はわずかであっても、それが多くの顧客に繰り返されることで、25%以上の利益率改善という大きな結果につなげることができる。

対策

それでは、どうすれば顧客離れを防ぐことができるのだろうか。以下にその対策を挙げてみよう。

●既存顧客を優遇する

既存顧客のみに適用される特別割引や、インセンティブの付与など、既存顧客を優遇するキャンペーンを行う。

●定期的に接点を持つ

メールマガジンの配信やDMの送付などで定期的に既存顧客との接点をつくり、商品・サービスのリマインドを行う。なお、画一的な情報提供では飽きられてしまうため、内容や方法などには工夫が必要だ。

●カスタマーサービスの改善

既存顧客の声を聞ける環境をつくる、個々に合ったアプローチを行うなど、カスタマーサービスを工夫し、商品・サービス以外の場面においても顧客満足度を上げる。

●購入プロセスの改善

例えばECサイトの場合は、商品検索から購入、支払い、配送、返品までのプロセスをより簡略化するなど、顧客がストレスを感じないような仕組みを構築する。

エメットの法則

仕事を先延ばしにすると、
すぐに仕事をするよりも倍の時間とエネルギーを要する。

提唱者

リタ・エメット
（作家、タイムマネジメント講師）

提唱年

2000年

やるべきことがあるのに、面倒だったり忙しかったりという理由でついつい後回しにしてしまった場合、すぐに取りかかった場合と比べてより多くの時間と労力を消耗することになるという法則。アメリカのタイムマネジメントの専門家であるリタ・エメットが、著書『いま、やろうと思っていたのに… かならず直る―そのグズな習慣』（原題『The Procrastinator's Handbook: Mastering the Art of Doing It Now』）の中で提唱した。

エメットはその理由として、先延ばしにすることで仕事の詳細や手順を忘れてしまい、それを思い出す作業で二度手間が発生するためだとしている。また、先延ばしにしてしまう要因として「完璧主義」を挙げ、仕事に完璧さを求めるあまり計画を立てることやディテールに集中し過ぎて、実際に着手するまでに膨大な時間がかかるためだとしている。

このほかにも、先延ばしにしている仕事があると、その仕事の期限が迫るにつれて焦りや不安などの精神的なストレスが生じ、それによって本来の実力が発揮できず、仕事のクオリティーが下がるというデメリットもある。

例

●仕事

仕事を後回しにしたことで、納期まで時間がかかっているぶん完璧にしなければというプレッシャーで余計に時間がかかった上、依頼相手へのフォローや謝罪も必要になった。

●家事

洗濯物を取り込むのが面倒でそのままにしていたら、突然雨が降ってきてぬれてしまい、もう一度洗濯する羽目になった。

●勉強

夏休みの絵日記を先延ばしにして、最後の日にまとめて描こうとしても、いつ何をしたのか忘れてしまい、思い出すのに余計な時間がかかってしまった。

対策

この法則を言い換えれば、「面倒な仕事ほどすぐに取りかかった方が得」ということだ。以下に解決策を挙げる。

●やるべき事をリスト化する

深く考えず、やるべきことをどんどん書いてリストを作ることで、頭の中が整理され、手順や時間割を細かく決めることができる。

●まず少しだけ手を付けてみる

ほんの手始め程度と思って少しだけ始めてみることで、意外と作業に熱中したり、最後まで終わらせたくなったりするものだ。

●満点よりも80点を目指す

完璧にしようと思うからこそ、準備に没頭し過ぎたり、失敗が怖くて着手に時間がかかってしまうものだ。しかも、その完璧主義は自分のこだわりによるものであって、仕事相手にはどうでもよいことかもしれない。それよりも、80点くらいでもいいからまずは仕事を終わらせることを目標にした方が、早く仕事に取りかかることができる。

●自分へのご褒美を用意する

やりたくない仕事をするためには、モチベーションが必要だ。最初に「これが終わったら○○をする」というご褒美を決めておこう。

シャーキーの法則

**組織は自らが解決策となるべき問題を維持しようとする。
ある問題を解決しようとすると、
かえってその問題を長引かせてしまうという意味。**

提唱者

クレイ・シャーキー（作家、コンサルタント）

提唱年

2010年

インターネットやジャーナリズムの社会的・経済的影響を専門とする、アメリカの作家兼コンサルタント、クレイ・シャーキーが提唱した法則。組織は、解決しようとする問題に専念し過ぎるあまり、気付かないうちにその問題を永続させようとするケースが多いということ。

例えば、ある会社が面倒だと感じている作業を簡単にしようとした場合、それを解決するために、部署を増やしたり、手順を変更したり、新たに管理ツールを作ったりする。すると、そもそもは簡単にしようとして始めたことなのに、かえって新たな問題が発生したり、手順が複雑になったりして、元の問題が解決しないという矛盾を表している。

つまり、問題を解決するためには、その問題をいったん忘れた方がよい場合もあるということだ。問題から離れることで客観的になり、解決策が浮かびやすくなるといったメリットがある。

例

●仕事

経費削減のため、コピー機に裏紙を使用するようにしたところ、汚れたり破れたりした裏紙を使ってしまったことでコピー機が故障し、結果的には修理代の方が高くついた。

ジャムの法則

人は選択肢が多過ぎると選択しにくくなる。
「決定回避の法則」ともいう。

提唱者

シーナ・アイエンガー（コロンビア大学教授）

提唱年

1995年

1995年、コロンビア大学経営大学院教授のシーナ・アイエンガーらが、アメリカのスーパーマーケットで次のような実験を行った。24種類のジャムと6種類のジャムを用意し、それぞれ試食販売を行った場合、どちらの方が売り上げが良いかを比較した。

一見すると種類の多い方が売れそうなものだが、結果的には、24種類のジャムを並べたときには買い物客の3%しか購入しなかったのに対し、6種類のジャムを並べたときは、その10倍となる約30%近くの買い物客が購入したという。

この実験結果により、人間は選択肢が多過ぎるとかえって選択しにくくなり、選択すること自体をやめることもある、という心理作用が実証された。アイエンガーは、人は選択肢が多いと得した気分にはなるものの、今度は選ぶことが難しくなり、最終的な満足度が下がってしまうといい、「7±2」=5〜9個の選択肢が最適であると結論付けた。

「ジャムの法則」は、その特性から「決定回避の法則」ともいわれ、実際にアメリカでは、この法則を生かして店頭に置く商品の種類を少なくしている店もあるそうだ。

ジャムの法則の実験結果

24 種類のジャム	
試食をした人の割合	**60%**
試食後に購入した人の割合	3%
最終購買率	1.8%

6 種類のジャム	
試食をした人の割合	40%
試食後に購入した人の割合	**30%**
最終購買率	**12%**

例

●保険商品

商品の組み合わせやプラン、オプションなどが多岐にわたるほか、説明を聞く必要や家族への確認が必要な場合もあるため、加入手続きにかかる手間を想像すると億劫になって先延ばしにしてしまう。

●ストリーミングサービス

映画を見ようと検索していたが、作品数が多く情報を眺めているだけで疲れてしまい、結局何も見ずにやめてしまった。

●飲食店のメニュー

メニューの種類や数、アレンジなど、選択しなければいけないことが多く、レジで焦ってしまって特に頼みたかったわけでもないメニューを注文し、後悔した。

活用

ただ選択肢を減らせばいいかというと、そう単純でもない。適度な選択肢の数はキープしつつ、購入者が選びやすいような工夫をすることで、購買率だけでなく顧客満足度も上げることができる。

●視覚的な工夫

陳列やデザインを、視覚的にすっきりと見やすいように工夫する。

●「お勧め」をつくる

選択肢の中で特にお勧めの商品などを提案・推奨する。

松竹梅の法則

3段階の選択肢があると
真ん中を選びやすくなるという心理的傾向。
経済学用語では「ゴルディロックス効果」ともいう。

提唱者

不明

提唱年

不明

例えば商品を「松・竹・梅」の3種類に分け、それぞれ3つの段階でグレードと価格帯を設定して販売した場合、消費者は無意識のうちに真ん中の価格帯である「竹」をよく選ぶという心理的傾向。あらかじめ一つの商品に対し3つの選択肢を用意しておくことで、中間の商品に最も購入してほしい価格を設定し、一番安い価格が選ばれることを避けて全体的な購入価格を上げようというものだ。日本では古くからそば屋やすし屋をはじめ、商習慣として根付いており、現在は特にマーケティング用語として使われている。

なお、「松・竹・梅」というのは日本独自の表現であり、世界的には「ゴルディロックス効果(ゴルディロックスの原理)」として知られている。この名前は、イギリスの童話『3びきのくま(ゴルディロックスと3匹のくま)』に由来したもので、ゴルディロックスという少女が森の中で3匹のクマが暮らす家に迷い込み、クマたちが用意していた3皿のお粥を味見したところ、3皿のうち熱過ぎず冷た過ぎないちょうど中間のお粥を選ぶ、という場面にちなんでいる。

この法則の背景には、極端な選択を避ける「極端の回避性」という心理効果があると考えられている。例えば、一番高い品物は贅沢に感じ、もし選んだ後で品質に満足できない場合は余計に後悔することになる。逆に一番安い品物を選ぶと、貧乏やけちだと思われたくないというプライドが生じる。こうした心理により、ついつい中間の品物を選んでしまうのだ。

また、「3という数字が人間の記憶に残りやすい」という「3の法則（P.26）」や、「選択肢が多過ぎると選択しにくくなる」という「ジャムの法則（P.40）」でも分かるように、選択肢が3であることも重要な要素となっている。

なお、「松・竹・梅」の選択率は「松＝2：竹＝5：梅＝3」の比率になるというデータもある。

活用

松竹梅の法則をマーケティングに活用する際は、次のようなポイントに注意するとよい。

●一番売りたい商品を「竹」に設定する

真ん中の選択肢が最も売れるため、一番売りたい商品を、一番売りたい価格（最も高い利益率）に設定しておくことで、全体の売上アップにつながる。

●商談では「松→梅→竹」の順に提示する

対面で価格を提示する場合は、まず最も高価な商品（松）→最も安価な商品（梅）→真ん中の価格の商品（竹）の順に紹介すると、購入決定率が高いとされている。

「松竹梅の法則」に似た「おとり効果」とは

「松竹梅の法則」と似た心理傾向に、「おとり効果」と呼ばれるものがある。2つの選択肢のうちどちらを選ぶか迷っている消費者が、他の選択肢よりも明らかに劣った、おとりとなる第三の選択肢を提示された場合、最初の2つの選択肢の一方を選ぶようになる現象で、消費者の意思決定を誘導する効果がある。

スマートフォンを例に、以下におとり効果を説明しよう。

	商品 A （競合商品）	商品 B （売りたい商品）	商品 C （おとり商品）
価格	4 万円	3 万円	3 万 5000 円
容量	30 ギガ	20 ギガ	15 ギガ

おとりである商品Cは、価格が高い割に容量は最も少なく、商品A・Bに比べて明らかに劣っている。すると、消費者は必然的に商品A・Bのどちらかから選ぼうとする。そうすると、松竹梅の法則の効果によって、ちょうど容量が真ん中に設定されている商品Bを選ぶ可能性が高まることになる。

上のイラストは、童話『3びきのくま（ゴルディロックスと3匹のくま）』の一場面を描いたものだが、この世界的にもよく知られている有名な童話の名前を使ったことによって、「ちょうどいい度合い」という曖昧な概念が共通認識として理解しやすくなった。

これにより、下記のようにさまざまな分野においても「ちょうどいい度合い」という存在や状況、状態を説明するために、この言葉が応用されるようになった。

さまざまな分野における「ゴルディロックス効果」	
通信技術	通信技術の分野では、通信量が多過ぎたり少な過ぎたりして通信が不安定にならないようにすることを「ゴルディロックス効果」と呼ぶ。

宇宙生物学	宇宙生物学の分野では、恒星の周辺で生命が存在可能な領域を指す「ハビタブルゾーン」のことを、「ゴルディロックスの領域」という。 また、生命が存在可能な条件に合う惑星は「ゴルディロックス惑星」と呼ばれる。
認知科学・発達心理学	認知科学と発達心理学では、乳幼児が、自分自身で認識できる世界の中で、単純過ぎず複雑過ぎない事柄に関わろうとする傾向を「ゴルディロックス効果」と呼ぶ。 例えば、乳幼児に「複雑な配列が描かれた絵」と「程良い配列の絵」と「何も描かれていない白紙」を見せた場合、「程良い配列の絵」から視点をそらさず、見続けるようになる。
医学	医学の分野では、受容体に結合して反応を引き起こす物質を「アゴニスト」（興奮性）、その逆の働きを持つ物質を「アンタゴニスト」（抑制性）と呼ぶが、その両方の性質を併せ持つ物質を「ゴルディロックス」と呼ぶ。
経済学	経済学の分野においては、経済の緩やかな持続的成長と低インフレ率のことを指して「ゴルディロックス相場」と呼ぶ。 過熱もせず冷え込みもしない、適度な状況にある相場であることから、別名「適温相場」や「ぬるま湯経済」ともいわれる。
数学	数学においては、「三次式」や「多項式」（例：$f(x)=x^3$）などにおける、ほぼ水平に見える領域を指して「ゴルディロックスのゾーン」と呼ぶ。

ジラードの法則

**人は誰でも平均して250人の知り合いがいる。
営業の経験則に基づいた法則で、
一人に対して行ったことは250人に伝わる可能性がある
という意味。**

提唱者

ジョー・ジラード（自動車セールスマン）

提唱年

1977年

アメリカ・シボレー社の販売店のセールスマンとして、約15年間で1万3001台もの自動車を販売し、「世界ナンバーワンのセールスマン」としてギネスブックにも登録されたジョー・ジラードが、著書『私に売れないモノはない！』(原題『How to Sell Anything to Anybody』)の中で提唱した法則。

この「250人」という数は、葬式や結婚式で準備するあいさつ状や招待状の枚数に基づいたもので、そこから、一人当たりの知り合いの平均人数は250人だということを導き出したのだという。

つまり、たった一人の相手でも、その人を蔑(ないがし)ろにすると、後ろでつながっている250人を敵に回してしまうということであり、逆に、一人一人を大切にすることで、250人に良い影響をもたらすことができるということになる。「商品やサービスに満足した人は3人にその話を伝えるが、不満に感じた人は33人に伝える」という「3：33の法則 (P.20)」にも通ずる法則だ。

例

ここでは、1日最高18台の自動車を売り上げたこともあるというジラードが、「ジラードの法則」に基づいて実践していた営業テクニックを紹介する。

●誇張せず正直に伝える

商品の価値を誇張せず正直に伝えることをモットーとする。例え価値を誇張して購入してもらったとしても、後になって相手が不満に感じ、だまされたと思えば、その体験を250人に広めてしまう。

●メッセージカードを送る

バレンタインデーや感謝祭などには、季節のあいさつとして、1万人を超える顧客に「あなたが好きです」とだけ書いたシンプルなメッセージカードを送り、顧客に好意を伝えるようにしていた。

●アフターサービスにこそ力を注ぐ

ジラードは自動車を売ること自体よりも、その後のアフターサービスの方を重視していた。例えば顧客の自動車が故障した場合、25分以内に修理を終えるよう努め、修理代を請求しないこともよくあったという。

●同僚をねぎらう

修理対応を行うスタッフなど、一緒に働く同僚に対し、定期的に食事をおごったり自宅に招いたりして、感謝の気持ちを示していた。

●顧客を協力者にする

自分を気に入ってくれた顧客には自分の名刺を一束渡しておき、その人の紹介によって自動車が売れた場合は、協力者として謝礼を支払っていた。

●人格を磨く

姿勢や服装など身だしなみに気を配り、笑顔を絶やさず聞き役に徹するなど、「この人から買いたい」と思われるよう、自らの人格を磨くよう心がけていた。

スタージョンの法則

どんなものでも、その90%はクズである。

提唱者

シオドア・スタージョン（SF作家、批評家）

提唱年

1957年（諸説あり）

1950年代から1960年代にかけて活躍したアメリカのSF作家、シオドア・スタージョンによる格言。一説によると、スタージョンが現代文学に関するパネルディスカッションに参加した際、ある教授がSF作品の質の低さを指摘して、「SFの90%はクズだ」と結論付けたことに対して、スタージョンが「どんなものでも、その90%はクズだ("Ninety percent of everything is crud.")」と反撃したというエピソードが基とされる。

90%のSF作品がクズだとするならば、文学の他のジャンルや映画、学問、音楽など、分野を問わずあらゆるものにも同様に当てはまるとして、裏を返せば「SFの90%がクズだ」という主張・事実は存在しないとしている。

こうした意味合いから、スタージョンの法則は、「世の中に現れる結果の8割は、それを構成する2割の要素が生み出す」という考えの「パレートの法則(P.72)」の一例として見られる場合もある。

もう一つの「スタージョンの法則」

「スタージョンの法則」というと、本来は「常に絶対的であるものは存在しない("Nothing is always absolutely so.")」というスタージョンの別の言葉を指していた。そして、「どんなものでも、その90%はクズだ」という言葉は、「スタージョンの黙示」と呼ばれていたのだが、後者の方がインパクトが大きく、前者よりも有名になってしまったのである。そのため、『オックスフォード英語辞典』でも後者が掲載されているなど、現在は「スタージョンの法則」といった場合、後者を指すことが一般的になっている。

活用

スタージョンの法則は、本来はSF作品についての格言だったが、一部分のみを持ち出して、まるで全体がそうであるかのように批判することへの逆批判として有用なことから、さまざまな場面で用いられているが、以下にその他の活用例を紹介する。

●思考法

アメリカの哲学者ダニエル・デネットは、物事を鵜呑みにせず、感情や主観に流されず多様な角度から検討し、判断しようする思考法「批判的思考(クリティカル・シンキング)」に有用なツールの一つとして紹介している。

●タイムマネジメント

「やるべき仕事やタスクの90%は重要ではない」と考えることで、仕事やタスクの内容を見直して取捨選択し、時間とエネルギーを残り10%の有益なことに集中させることができる。

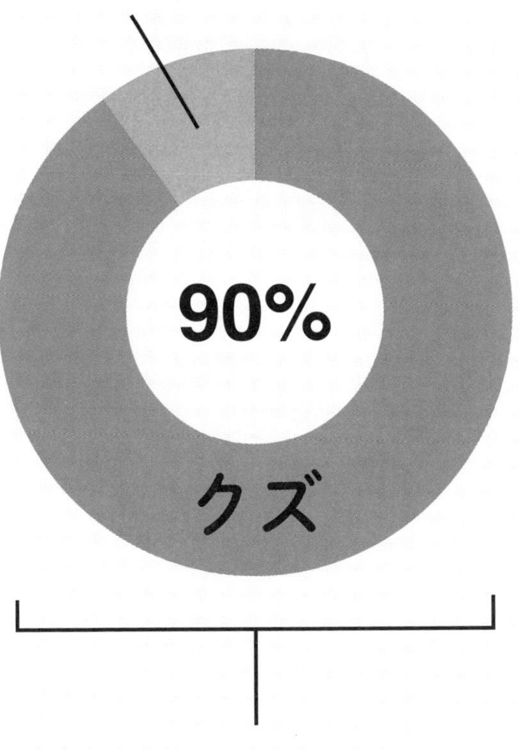
例外
90%
クズ
文学、映画、学問、音楽 etc.

損失回避の法則

**人は、得をすることよりも損をすることを避ける
という心理傾向。**

提唱者

ダニエル・カーネマン（心理学者、行動経済学者）

提唱年

1979年

多くの人にとって、手に入れたときの喜びと失ったときの悲しみを比べた場合、後者の感情の方が大きく感じる。そして、その差は2倍以上にもなるという。この「損失回避バイアス」という心理傾向によって、人は、得をすることよりも損をしないことを無意識に選ぼうとする。

この法則は、人の意思決定に関する行動経済学の代表的な理論「プロスペクト理論」の一部であり、2002年にノーベル経済学賞を受賞した行動経済学の先駆者ダニエル・カーネマンと、共同研究者のエイモス・トベルスキーによって提唱された。なお、カーネマンは「あらゆる経験の全体的な印象は、最も感情が高まった絶頂の瞬間(ピーク)と終わる瞬間(エンド)でほとんど決まる」という「ピーク・エンドの法則(P.186)」を提唱した人物でもある。

プロスペクト理論とは

「プロスペクト(prospect)」とは「見込み、予想、期待」を意味し、元々は「宝くじ」に由来する。例えば、多くの人は宝くじの当選確率が非常に低いと知っているにもかかわらず、「当たるかもしれない」と期待して買ってしまう。つまり、選択の結果から得られる利益や損害、それらの確率が既知の状況下で、人がどういった選択をするかを、以下の3つの心理作用としてモデル化したものだ。

■損失回避性

得をすることよりも損をすることを回避する方を選ぶ心理作用

■参照点依存性

基準となる参照点との相対的な比較で判断・行動する心理作用

■感応度逓減(ていげん)性

同じ損失額でも、もとの金額が大きくなるほど鈍感になるという心理作用カーネマンらは、損失回避の法則を実証するために、95人の被験者に対して次のような実験を行っている。

以下の2つの選択肢から、より好ましい方を選択してもらう。

A）80%の確率で4,000円をもらえるが、20%の確率で何ももらえない。

B）確実に3,000円をもらえる。

次に、以下の2つの選択肢から好ましい方を選択してもらう。

C）80%の確率で4,000円を支払わなければならないが、20%の確率で支払わなくてよい。

D）確実に3,000円を支払う。

	A 対 B		C 対 D	
質問（損益、確率）	A（+4,000円、80%）	B（+3,000円、100%）	C（-4,000円、80%）	D（-3,000円、100%）
回答率	20%	**80%**	**92%**	8%

この実験結果から、以下のことが分かった。

①利益が得られることが確実な場合、その利益を逃すことをリスク（損失）と感じ、それを回避する。

②損失を被ることが確実な場合、リスクを負ってでもできるだけ損失を避けたいと考える。

つまり、人は常に何が損（リスク）になるのかを予測して行動する傾向があるということが実証された。

活用

利得の喜びより、損失の悲しみの方が大きく感じるということは、つまり「ご褒美が欲しい」という気持ちよりも「損をしたくない」という気持ちを利用した方が、人を動かしやすいということになる。

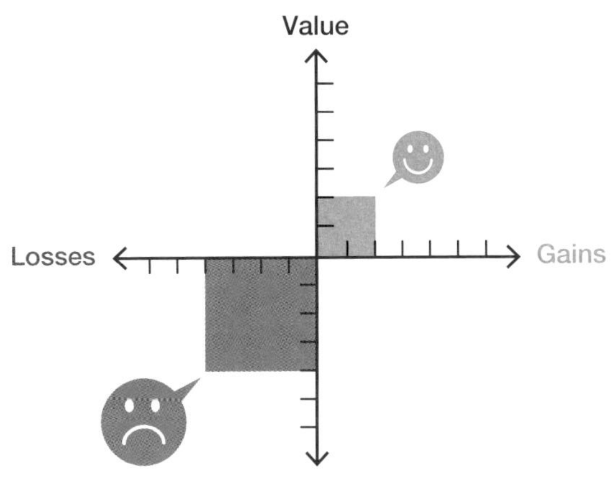

●マーケティング

数量限定商品や期間限定イベントなど、商品・サービスに希少性がある場合、「利益を得られる機会を逃す」ということに対し損失回避の法則が働き、「この機会に購入しよう」と思いやすい。

●子育て

子どもに対する交換条件として、例えば「宿題したらご褒美」ではなく「宿題しなければお小遣いなし」と言った方が、ご褒美をもらえる喜びよりもお小遣いがもらえない損失の方がつらいと感じ、子どもはより頑張るようになる。

チャルディーニの法則

**人が行動し、意思決定する際には
返報性、一貫性、社会的証明、権威、好意、希少性
の6つの心理法則が働く。**

提唱者

ロバート・チャルディーニ（社会心理学者）

提唱年

1984年

アメリカの社会心理学者ロバート・チャルディーニが、著書『影響力の武器』(原題『Influence: The Psychology of Persuasion』)の中で提唱した、人の行動や意思決定に影響を及ぼす6つの要因と、その心理法則。その総称として「チャルディーニの法則」と呼ばれる。

人の行動に影響を与える6つの心理法則	
返報性 (Reciprocation)	人は誰かに親切にされると、そのまま何もしないでおくことを気まずく感じ、自分もお返ししなければならないと思う心理。
一貫性 (Consistency)	人は自分が下した決定に対し、その決定を正当化できるように考えて行動するという心理。
社会的証明 (Social Proof)	自分以外の第三者の考えや評価を、物事の判断基準にしてしまう心理。
好意 (Liking)	自分が好印象を抱いている人や好意を持っている人、親しい相手からの頼まれ事は、受け入れてしまうという心理。
権威 (Authority)	自分よりも上の立場の相手や、目上だと感じる相手に対しては、自然と従ってしまう心理。
希少性 (Scarcity)	珍しい物や数が少なく限りがある物に対し、より貴重で価値があると感じ、手に入れたくなってしまう心理。

チャルディーニによると、これら6つの心理法則をうまく活用することで、人を動かし、説得することができるという。実際にビジネスにおいては、人と関わる分野全般に応用されているが、特にマーケティング分野では、購買促進のために広く利用されている。

例

●【返報性】スーパーの試食

スーパーで試食をしたら、そのまま立ち去ることが申し訳なくなり、その商品を買ってしまった。

●【一貫性】ダイエット

ダイエットすることを周囲に宣言したが、挫折しそうになったときに周りからばかにされるのが嫌で、意地になって続けた。

●【社会的証明】飲食店

行列ができている飲食店を見て、料理がおいしいお店なのだろうと判断し、調べもせずに並んでしまった。

●【好意】恋愛

弟から料理を頼まれたときは断るのに、彼氏から頼まれるとついつい作ってあげてしまう。

●【権威】冷凍食品

2つの冷凍食品で迷ったが、「ミシュラン獲得店のシェフ監修」と書かれていた方を選んだ。

●【希少性】店頭のポップ

八百屋の前を通ったら、朝は十分在庫があった特売品のジャガイモのポップが、夕方には「残りあと2個！」となっていて、特に買う予定はなかったのに買ってしまった。

活用

例からも分かるように、6つの心理法則を活用することで、相手が気付かないうちに行動や決断をさせることができる。逆に言うと、この法則が悪用される場合もあるということなので、自分の行動や決断には十分注意が必要だ。

●【返報性】交渉術

自分が何か欲しい場合や要望を通したい場合、まず相手の要望を受け入れてからお互いの妥協点を見つける。

●【権威】営業

肩書・資格・知名度などの情報を名刺に入れておくことで、相手に信頼してもらいやすくする。

ディルバートの法則

**企業は組織の損害を最小限にとどめるため、
あえて無能な人材を昇進させる。**

提唱者

スコット・アダムス（漫画家）

提唱年

1995年

技術者の主人公ディルバートと、彼が働く事務的・管理的な職場をユーモラスに皮肉ったアメリカのコマ割り漫画『ディルバート』(原題『Dilbert』)の作者、スコット・アダムスによる風刺的な見解で、このタイトルにちなんで名付けられた。

この法則は、「組織の上層部は実質的な生産にほとんど貢献せず、大部分の生産的な仕事は下層部の人が行っている」というアダムスの考えに基づいたもので、無能な人材が企業にもたらすリスク——製品やサービスの品質低下、顧客の気分を害する、他の従業員を不愉快にするなど——を回避するために、生産的な業務に直接関わらないようなポジション(主に中間管理職)に意図的に昇進させるということだ。

こうした意味合いから、「有能な人材は昇進し続けることで能力の限界に達し、やがて無能化する」という「ピーターの法則(P.76)」の変化形ともいえる。

パーキンソンの法則の第一法則

仕事の量は、
完成のために与えられた時間の限界まで膨張する。

提唱者

シリル・ノースコート・パーキンソン
（歴史学者、政治学者）

提唱年

1958年

イギリスの歴史学者・政治学者のシリル・ノースコート・パーキンソンが、当時のイギリスの官僚制に基づいた行政組織を研究する中で導き出した法則で、著書『パーキンソンの法則：進歩の追求』(原題『Parkinson's Law: The Pursuit of Progress』)において初めて提唱された。

パーキンソンの法則は、仕事に関する「第一法則」と、経済に関する「第二法則(P.146)」の2つから成り、どちらも「人は利用可能な資源をあるだけ使ってしまう」という人間の行動を説明している。

第一法則は、「公務員の数は、仕事の量や軽重にかかわらず、一定の割合で増加する」という事例に基づいたものだ。パーキンソンによると、当時のイギリス(大英帝国)は国や経済が縮小していたにもかかわらず、役人の数が増え続けていたことに着目し、これは「役人はライバルではなく部下が増えることを望む」、「役人は互いに仕事を作り合う」という2つのことが要因となったと指摘している。

人手が増えたぶん、仕事に費やす時間の削減や生産性の向上が望めそうなものだが、実際には、人手が増えても仕事に費やす時間や生産性に変化はなかったのだ。

例

●納期・締め切り

納期や締め切りが設定されていると、その期日より早く終わる仕事だとしても、期日ギリギリまでスケジュールを組もうとする。

●残業時間

現在の従業員の残業時間を減らすため、新たに従業員を増やしたが、結局残業時間は変わらなかった。

●会議

会議の想定時間内に話し合うべき内容が全て決まったにもかかわらず、想定時間いっぱいまで会議を続ける。

対策

人間の本性ともいえるパーキンソンの法則。克服するのはなかなか難しいものだが、以下のような対策を取ることで、時間をより効率的に活用し、生産性を上げることができる。

●タスクごとに詳細な計画を立てる

全体の納期ではなく、各仕事の量に合わせて計画を立てることで、無駄な作業を省略できる。まずタスクを細かく分け、それぞれに必要な時間を明確にしよう。

●自分で締め切りを決める

設定された締め切りだと「まだ余裕がある」と考えてしまうため、いったん本来の締め切りを忘れ、現実的に仕事に必要な時間を計算して自分の締め切りを設定する。

●集中する時間を区切る

タスクに優先順位と制限時間を設定し、順番に終わらせていく「タイムボクシング」で作業効率を上げる。「このタスクを30分で終わらせる」など、時間を区切って作業を始めることで集中力が持続し作業効率を上げることができる。

●こまめに短い休憩を取る

集中してタスクを終わらせた後は、次のタスクとの合間に短い休憩を挟む「ポモドーロテクニック」を活用することで、生産性が上がり、精神的な休息も得ることができる。

パレートの法則

全体を構成する数値の80%は、
ある特定の20%の要素によって生み出されている。
「80：20の法則」、「2：8（にはち）の法則」、
「ばらつきの法則」ともいう。

提唱者

ヴィルフレド・パレート（経済学者）

提唱年

1896年

イタリアの経済学者ヴィルフレド・パレートが発見した、統計に基づいた法則。パレートは1880～1890年のヨーロッパにおける所得統計を分析し、例えばイタリアの土地の約80%が人口の20%によって所有されているといった事例を指摘した。そして、「パレート指数」と呼ばれる関数のパラメータを用いて所得分布を比較し、20%の富裕層が社会全体の富の80%を保有している一方で、80%の低所得者層は社会全体の富の20%しか占めていないという結論を出した。このことから、貧困についての最初の数学的な研究ともいわれる。

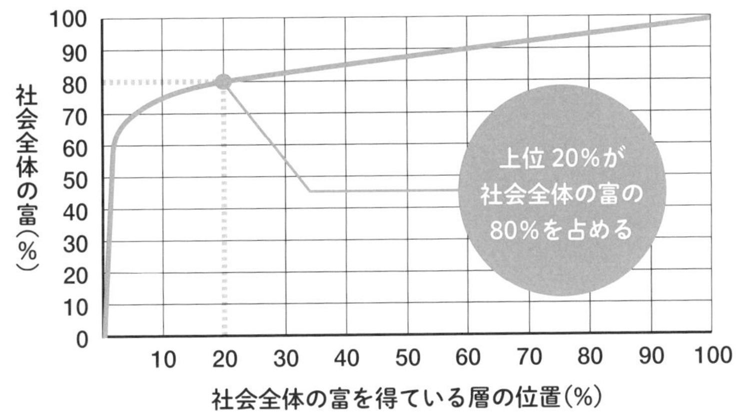

パレートの法則は、別名「80：20の法則」、「2：8(にはち)の法則」、「ばらつきの法則」などとも呼ばれ、「意欲的に働く上位20%、普通に働く中位60%、怠け者の20%に分かれる傾向が高い」という「2：6：2の法則(P.16)」の基になったほか、「世の中の全てが78：22で成り立っている」という、ユダヤ人の商法に基づいた「78：22の法則(ユダヤの法則)」とも数値の割合が似通っている。

こうしたことから、パレートの法則は経済分野以外にも、「一部が全体に大きな影響を持つことが多い」という意味合いで、自然現象や社会現象など、さまざまな事例に当てはめられることも多い。

例

●売り上げと従業員

企業の売り上げの8割は、全従業員のうちの2割によって生み出される。

●成果と時間

仕事や作業の成果の8割は、費やした時間の2割で達成されている。

●売り上げと顧客

商品の売り上げの8割は、全顧客のうちの2割によって生み出される。

●故障やトラブルと原因

故障やトラブルの8割は、全部品やシステムのうちの2割に起因する。

●服の数

持っている服のうち、いつも着ている服の8割は2割のお気に入り。

●本の内容

1冊の本に書かれている内容の8割は、2割読めば理解できる。

●部屋で過ごす場所

部屋で過ごす場所の8割は、部屋全体のスペースの2割だけ。

●納税額

納税額のうち8割は、2割の富裕層によって納められている。

活用

パレートの法則を要約すると、「成果の大部分が全体の一部によって生み出されている」ということになる。つまり、全体の2割の部分にフォーカスすることで、効率良く成果が得られるということだ。

以下に、パレートの法則の活用例を挙げる。

●マーケティング

売上全体の8割を担う2割の顧客や商品、サービスを抽出・分析し、より市場のニーズに合わせたマーケティングを行うことで、効率の良い顧客獲得・商品開発などが可能になる。

●タスク管理

仕事や勉強に当てはめた場合、その日のタスク全体のうち20%を終わらせれば、成果の80%を達成できることになる。そこで、まずタスクに優先順位を付けて重要なタスクに集中することで、より多くの成果を得ることができる。

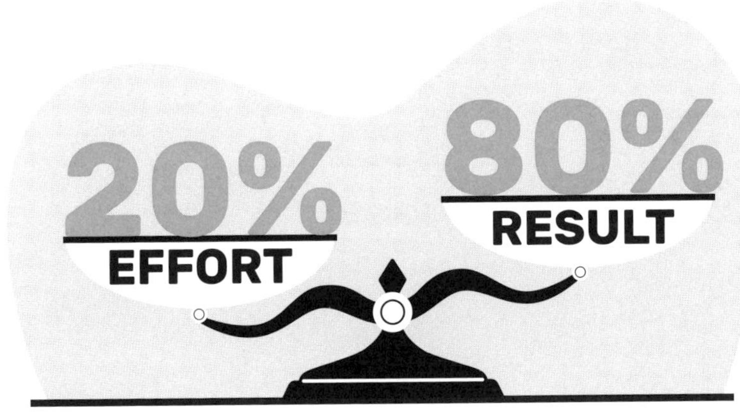

ピーターの法則

**組織において、
有能な人材は昇進し続けることで能力の限界に達し、
やがて無能化する。**

提唱者

ローレンス・J・ピーター（教育学者）

提唱年

1969年

能力主義の階層的な組織において、有能な人材はそれぞれの能力の限界まで昇進し続ける。しかし、昇進することによって、以前は能力を発揮できていた仕事とは内容が異なる仕事を担うことになる。すると、そのポストにおいてその人材は有能ではなくなり、成果を発揮できないままそれ以上昇進することはなく、やがて無能化してしまう。また、無能な人材は昇進せず、同じ階層にとどまり続ける。

ピーターの法則とは、このプロセスが繰り返されることによって、組織全体が無能な人材の集まりとなってしまうという組織構成員の労働に関する社会学の法則で、アメリカ・南カリフォルニア大学教授の教育学者ローレンス・J・ピーターにより、小説家レイモンド・ハルとの共著『ピーターの法則 創造的無能のすすめ』(原題『THE PETER PRINCIPLE』)の中で提唱された。

なお、ピーターの法則に関連するものとしては、「ディルバートの法則(P.66)」や「パーキンソンの法則(P.68、P.146)」、認知バイアスの一つである「ハロー効果」などがある。

「ハロー効果」とは

直観や先入観など、非合理的な心理現象である「認知バイアス」の一つで、ある対象を評価する際、目立ちやすい特徴に引きずられて、評価がゆがめられてしまうという人間の心理を指す。「ハロー(halo)」とは、聖人の頭上に描かれる「後光(光輪)」などを意味することから、「後光効果」や「光背効果」ともいわれる。

例えば仕事における評価として、「有名大学出身」「容姿が整っている」といった、仕事に求められる本来の能力とは別の要素に引きずられて評価をしてしまう場合などが当てはまる。

なお、ハロー効果とは逆に、悪い印象から否定的な評価になる場合は「逆ハロー効果」といい、悪魔の角を意味して「ホーン(角)効果」「悪魔効果」ともいわれる。

例

●営業マン

優秀な営業マンが、その成績を評価されてマネージャーに抜てきされたが、スタッフをまとめるマネジメント能力はなく、それ以上出世することはなかった。

●野球選手

現役時代は素晴らしい投手だったプロ野球選手が、引退して監督に就任したが、なかなか良い成績を出すことができず、辞任することになった。

対策

ピーターの法則が組織にもたらす影響として、「生産性の低下」「人材の流出」「人事評価制度の形骸化」「有能な若手人材のモチベーション低下」などのデメリットがあり、特に年功序列型の日本企業はこの法則に当てはまりやすい。

これを防ぐために、以下のような対策が考えられる。

●昇進よりも昇給

現在の仕事に専念している人材は、昇進ではなく昇給させる。

●昇進前に訓練を行う

人材を昇進させる前に、まず昇進後の新たなポジションに必要な訓練を行い、基準に達した人材のみ昇進させる。昇進前の段階で能力が不足している人材を発見できるメリットもある。

なお、ピーターは、有能な人材が無能にならないために、次の4つの対策を提案している。

●「ピーターの予防薬」：昇進による無能化を予防する

「もし自分が昇進したら」と自問自答し、あえてさまざまなデメリットを思い浮かべることで、「現在のポジションで満足だ」と自らを納得させる（創造的無能）。

●「ピーターの痛み止め」：無能化しても健康や幸福を維持する

無能レベルに達してしまった場合は、研修や課題に取り組むことで新たな能力を得たり、配置換えや異動などで状況を変える。

●「ピーターの気休め薬」：「終点到達症候群」の症状を抑える

無能レベルに達し、成果を上げられない自分に悩み心身を壊してしまう「終点到達症候群」に陥ってしまったら、昇進だけにとらわれず、自分の仕事の価値や尊さを再認識して症状を和らげる。

●「ピーターの処方薬」：無能化する世界をなくす

先に挙げた3つの方法を実行することによって、昇進へのこだわりがなくなり、生活の質が向上することで、日々の生活に幸せを感じることができるようになる。
これにより、仕事へのモチベーションや生産性が向上する可能性がある。

ピグマリオンの法則

**人は周囲に期待されるほど意欲が引き出され、
成績が向上する。
「ピグマリオン効果」、「教師期待効果」、
「ローゼンタール効果」ともいわれる。**

提唱者

ロバート・ローゼンタール（教育心理学者）

提唱年

1964年

アメリカの教育心理学者ロバート・ローゼンタールによって提唱された、教育心理学における心理的行動の一つ。

ローゼンタールは1964年、サンフランシスコの小学校で次のような実験を行った。まず、ごく一般的な知能テストにあえて「ハーバード式突発性学習能力予測テスト」という特別な名称を付け、試験を実施した。実際にはこのテストに何の意味もないのだが、教師には「このテストの結果により、今後成績が伸びる生徒が割り出せる」と説明した。その後、テスト結果とは関係なくランダムに選ばれた生徒のリストを教師に渡し、「今後成績が伸びるのはこの生徒たちだ」と伝えた。教師はリストにある生徒の成績が向上することを期待して指導を続けたところ、実際に彼らの成績が向上した。

ローゼンタールは生徒の成績が向上した要因として、「教師が生徒に対して期待を込めたまなざしを向けたこと」、「生徒も自分が期待されていると意識したこと」を挙げている。

なお、「ピグマリオン」という名前は、古代ローマの詩人オウィディウスの著作『変身物語』（原題『Metamorphosen』）に登場するピュグマリオン王が女性の彫像に恋をし、愛と美の女神アフロディーテの力で彫像を人間に変えてもらったという伝説に由来している。

「ピグマリオンの法則」は嘘！?

実は、ローゼンタールの実験方法をめぐっては批判もあり、現在でも激しい議論がなされている。というのも実験に参加した教師が、「成績が伸びる生徒のリストはざっと一度見ただけ」、「リストにあった生徒たちの氏名は記憶していなかった」といった証言をしているためだ。

また、別の研究者によって行われた再実験では、その効果が実証されなかったなど再現性が不十分であるほか、「期待」の定義も不明瞭だったと考えられている。

活用

批判もあるピグマリオンの法則だが、やはり「誰かに期待されている」と感じたら、大体の人はうれしくてモチベーションも上がるものだ。大事なのはこの心理を“うまく”活用することで、それにより、成果を出したいときや、相手や自分を成長させたいとき、要求を通したいときなど、さまざまな場面で活用することができる。

なお、特に重要なポイントは「いかに期待を伝えるか」ということであり、相手のモチベーションを引き出すためには、上辺ではなく心の底から本気で期待していることを伝える必要がある。

●仕事

上司が部下を褒める際は、「あなたに期待している」といった抽象的な言葉ではなく、「あなたが作成した書類は、デザインや言葉選びが工夫されていて、とても伝わりやすい。あなたに頼んで本当に良かった」などのように、具体的に褒める。

●子育て

例えばテストで満点が取れなかった子どもに対しては、「満点じゃなくて残念だった」ではなく、「この問題は難しいのに解けててすごい！」など、できなかった部分や結果ではなく、できた部分やプロセスを評価する。

「ゴーレム効果」とは

「ピグマリオンの法則」の対義語で、「人は周囲からの期待が低いほど、その期待通りにパフォーマンスが低下してしまう」という心理効果。

ロバート・ローゼンタールが「ピグマリオンの法則」と同様に行った、教師と生徒を対象にした実験によって提唱されたもので、教師の期待度が低い子どもは結果として成績が下がるという結果に基づいている。

例えば仕事で部下がミスをした場合、「やっぱり失敗すると思った」と部下のミスを最初から予測していたような発言をして、部下の自己肯定感やモチベーションを下げてしまう、などの状況が挙げられる。

なお、「ゴーレム」とはユダヤ教の伝承に登場する泥人形のことで、作った主人の命令だけを忠実に実行するが、使い方を間違えると狂暴化してしまう。

ヒックの法則

**人は選択肢の数が増えれば増えるほど、
意思決定にかかる時間が長くなる。
「ヒック・ハイマンの法則」ともいわれる。**

提唱者

**ウィリアム・エモンド・ヒック（心理学者）
レイ・ハイマン（心理学者）**

提唱年

1951年

1951年にイギリスの心理学者ウィリアム・ヒックが提唱した後、アメリカの心理学者レイ・ハイマンがさらに発展させたことから、2人の名前にちなんで「ヒック・ハイマンの法則」ともいわれる。

選択肢の数と人が意思決定するまでの時間の関係において、選択肢の数が増えるほど意思決定にかかる時間も対数的に長くなる、という心理学的な法則で、「人は選択肢が多過ぎると選択しにくくなる」という「ジャムの法則（P.40）」は、この「ヒックの法則」が働いた結果といえる。

以下が、ヒックの法則に基づいた、人の意思決定に必要な時間を求める公式と、それを表したグラフだ。

$RT = a + b \cdot \log_2(n)$	
RT	意思決定するまでの時間
a	意思決定以外にかかる所要時間
b	意思決定にかかる平均時間
n	選択肢の数

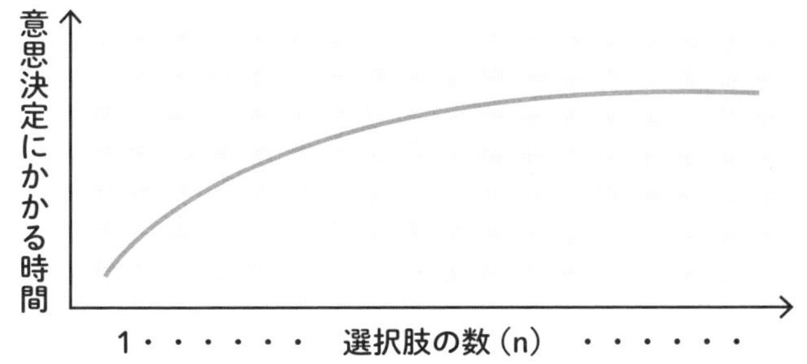

選択肢の数が2倍になっても意思決定にかかる時間が2倍になるわけではなく、選択肢が増えるにつれて要する時間の増加は小さくなる。

例

●飲食店

レストランでコースメニューを選ぼうとした場合、前菜からデザートまで料理名のみが書かれているメニュー表と、「前菜」「メイン」「デザート」とカテゴリー名があり、その下にそれぞれ料理名が書かれているメニュー表では、後者の方が選びやすい。

●書店

書店で何か1冊本を買おうとした場合、棚に背表紙で並べられている本の中から1冊を選ぼうとすると、どんな内容なのか1冊ずつ取り出して情報を得る必要があり、種類も多いため選びにくいが、書店員が選んだ数冊の本を、表紙が見えるように平置きされた特設コーナーでは、すでに選択肢が絞られている上、表紙が見えているため内容もすぐに分かって選びやすい。

活用

ヒックの法則は、主にウェブサイトやアプリ、ソフトウエアなどにおけるUI（ユーザー・インターフェース）設計や、ユーザビリティーの改善といった分野において活用されている。

選択肢を絞る、または選択しやすい仕組みを作ることにより、例えば、ユーザーが購入を決定するまでの時間を短くしたり、商品の情報を整理して分かりやすく伝えたりすることができる。

●Amazon

ヒックの法則の事例として最も有名なのが、Amazon。例えば書籍の商品一覧ページでは、「文学・評論」「ノンフィクション」など、ジャンルごとにカテゴライズしている。そして、アイコンや画像などは使わず、ユーザーが一目で全体を俯瞰できるように、テキストのみで全てのカテゴリーを表示している。ただ単純に並べるのではなく、カテゴリーを大小2つの階層に分け（【例】大＝「文学・評論」→小＝「文芸作品」）、大きなカテゴリーは太字にして目立たせることで、選択しやすいよう工夫している。

ブルックスの法則

**遅れているソフトウエアプロジェクトへの人員追加は、
プロジェクトをさらに遅らせるだけである、
というソフトウエア開発プロジェクトにおける法則。**

提唱者

**フレデリック・ブルックス
（ソフトウエアエンジニア、計算機科学者）**

提唱年

1975年

アメリカのソフトウエアエンジニアで、計算機科学者でもあるフレデリック・ブルックスが、1975年に出版された著書『人月の神話』(原題『The Mythical Man-Month』)の中で提唱した、ソフトウエア開発のプロジェクトマネジメントに関する法則。

ソフトウエア開発のような、要件定義から設計、開発、テストまで一貫性が求められる作業においては、スケジュールに遅れが生じ、スピードアップを図ろうと新たに人員を投入したとしても、開発スピードは改善するどころか、むしろ以前より遅れてしまうという。

ブルックスは、その理由として以下の3つを挙げている。

「ブルックスの法則」が働く 3 つの理由

①追加人員が戦力化するまでには時間がかかる

新たに追加された人員が戦力となるためには、まずそのプロジェクトに関する基本的な情報や状況、作業内容を把握するまでに教育が必要だ。そして、プロジェクトにまだ慣れていない新人はミスを犯しやすいことから、新たな問題が発生しやすくなる。
また、新人の教育や情報共有のために、既存のメンバーの時間も消費することになる。

②人員増加によりコミュニケーションコストも増える

人員が増えると、一人一人のメンバーにとって進捗確認や業務連絡などを行う相手の数が増え、コミュニケーションにかかる時間・労力が増えることになる。
例えばメンバーを2倍に増やした場合、コミュニケーションコストはそれまでの4倍に増大するなど、人数の多いチームほど、人数の少ないチームに比べてコミュニケーションコストが増えてしまう。

③タスクの分解可能性には限界がある

「妊婦」と「出産」に例えた場合、妊婦は約9カ月で出産するが、9人の妊婦をそろえても1カ月で出産できるわけではない。
同様に、ソフトウエア開発のように分解可能性の低い仕事の場合、一つのタスクを分解するには限度があり、人数が増えるほど、全員に同じ量・内容の作業を振り分けるのが難しくなる。

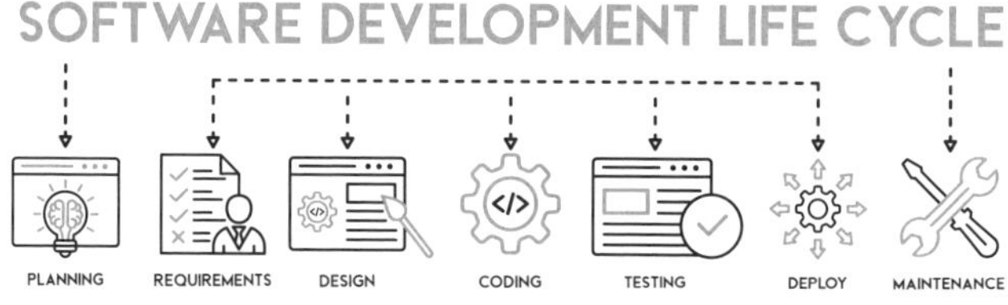

対策

スケジュールに遅れが生じ、人員を追加してしまったら最後、ブルックスの法則が働き、開発は混乱に陥ってしまう。

では、この問題を避けるにはどのような対策があるのだろうか。

●プロジェクトを小規模グループに分ける

プロジェクト全体を、小規模のグループが担当できる程度のサイズに分割し、より上位のチームがシステムの統合を引き受ける。ただし、プロジェクトをうまく分割できなかった場合、チーム間のコミュニケーションコスト増大につながり、プロジェクトがさらに大きくなってしまうため、注意が必要。

●プロジェクト開始前の綿密な準備

いったんスケジュールが遅れてしまうと、それを取り戻すのはほぼ不可能。そのため、プロジェクト開始前の準備段階において、スケジュールが遅延した場合を想定しておくことが肝要だ。あらかじめ作業の生産性やバグ発生率などを計算して基準を設け、それをメンバー間で共有しておくことで、事前に遅れを防ぐことができる。

ホフスタッターの法則

**いつでも自分の予測以上の時間がかかるものである。
たとえ「ホフスタッターの法則」を計算に入れても。**

提唱者

**ダグラス・ホフスタッター
（認知科学者、物理学者、比較文学者）**

提唱年

1979年

例えばあるタスクを、遅れが出ないように1時間できっちり終わらせられるような計画を立てて作業を始めたとする。しかし、きちんと計画に沿って進めたにもかかわらず、1時間でタスクを完了させることはできなかった。——「ホフスタッターの法則」とは、このようないわゆる「思いのほか時間がかかってしまう現象」を説明したもので、人がタスクの計画や時間の見積もりをする際、どうしても楽観的になってしまい、正確な時間を見積もることができないという心理傾向を指摘した、格言的な法則だ。

この法則は、特にソフトウエア開発やプロジェクトマネジメントなどの分野でよく引用される。というのも、「ブルックスの法則(P.88)」にもあるように、これらの分野では計画遅延やリソース不足による問題がよく起こるため、タスク予測やスケジュール管理が非常に重要な役割を持つことになるからだ。

なお、この法則はアメリカの認知科学、物理学、比較文学の研究者であるダグラス・ホフスタッターによって、著書『ゲーデル、エッシャー、バッハーあるいは不思議の環』（原題『Gödel, Escher, Bach: An Eternal Golden Braid』）の中で提唱された。

この著書の中で、コンピューターチェスの黎明期には、コンピューターが人間に勝利するのは10年後だろうと予想されていたが、10年後の今（1979年当時）もそれが実現されていないことを例に挙げ、これがホフスタッターの法則の証拠の一つだと紹介している（初めてコンピューターが人間に勝利したのは、そこからさらに18年後の1997年だった）。

『ゲーデル、エッシャー、バッハ—あるいは不思議の環』について

「ホフスタッターの法則」が紹介されている『ゲーデル、エッシャー、バッハ—あるいは不思議の環』は、タイトルになっているクルト・ゲーデル（論理学者）、マウリッツ・エッシャー（画家）、ヨハン・ゼバスティアン・バッハ（作曲家）の生涯や作品における共通テーマを探索しながら、人工知能、禅問答、コンピューター、脳と思考、分子遺伝学、現代音楽・アート、パラドックスなど、幅広い話題を説いた一般向けの科学書だ。

1980年度ピューリッツァー賞（ノンフィクション部門）を受賞するなど、世界的なベストセラーとなり、多くの影響を与えた。その中には、2001年にアメリカで起きた「炭疽菌事件※」において、捜査に協力する一方で、この事件の真犯人でもあった微生物学者のブルース・イビンズがいる。イビンズは、この本に触発されて炭疽菌が入った手紙の塩基配列に基づいて秘密のコードを隠す方法を思い付いたほか、この本をごみ箱に捨てて調査官から隠そうとしていたことが明らかになった。

※テレビ局や出版社、上院議員に対し、炭疽菌入りの封筒が送りつけられたバイオテロ事件。炭疽菌の感染により、5名が死亡、17名が負傷した。

例

●待ち合わせ

友達との待ち合わせに30分で到着すると見積もり、念のため早く家を出たものの、忘れ物をしてしまい、「10分ほど遅刻する」と伝えた。しかし、さらに電車遅延が発生し、予定より30分遅れて到着した。

対策

たとえホフスタッターの法則を考慮したとしても遅れるのであれば、対策の施しようがないように思われる。しかし、「全体を構成する数値の80%は、ある特定の20%の要素によって生み出されている」という「パレートの法則(P.72)」を使うことで、ホフスタッターの法則の効力を弱めることができるかもしれない。

●重要な2割のタスクを優先し、それに集中する

タスク全体にかかるであろう時間を算出した後、タスク全体のうち、特に重要な2割を抽出し、まずはそれに集中して取り組む。2割の仕事であれば、タスク全体にかかる予定時間を全て使い切ることはないだろう。そして、残った時間を使ってあとの8割をできるだけ終わらせるよう努力しよう。

マシュマロの法則

**自制心が強い子どもほど、
将来成功する可能性が高い。**

提唱者

ウォルター・ミシェル（心理学者）

提唱年

1968〜1974年

アメリカ・スタンフォード大学の心理学者ウォルター・ミシェルが1968〜1974年にかけて行った、「マシュマロ・テスト（マシュマロ実験）」と呼ばれる有名な実験によって証明された法則。

この実験の本来の目的は、幼児期における自制心の発達を調査するためのものだった。しかし、被験者のその後の人生を追跡してみた結果、子どものころの自制心と将来の社会的成果の関連性が、思いがけず明らかになったのだという。

最初の実験対象となったのは186人の4歳児で、最終的には600人以上の子どもが参加した。また、実験は次のような手順で行われた。

①子どもを机と椅子のみが置かれた部屋に通し、机の上の皿には、マシュマロを1個置いておく。
②仕掛け人が、「私は用があって席を外すけど、戻ってくるまでの15分間、マシュマロを食べずに我慢できたら、もう1個あげる。でも、食べてしまったら2個目はなしだよ」と子どもに言い残し、部屋を出る。
③仕掛け人が再び部屋に戻ってくるまでの15分間、子どもが我慢できるかどうか、隠しカメラで観察する。

実験の結果、全体の3分の1の子どもがマシュマロを食べずに我慢できた。

また、カメラの映像を分析した結果、待っている間にマシュマロを見つめる、触るなどして強い興味を示した子どもは結局食べてしまうことが多く、一方で、マシュマロから目をそらす、後ろを向くなど、注意を向けないように行動した子どもは最後まで我慢できたという。

マシュマロ実験から18年後、22歳になった子どもたちを対象に、追跡調査が実施された。すると、次のような関連性が得られた。

・4歳時の自制心の有無は、18年後も持続していた
・マシュマロを食べなかった子どものグループの方が、周囲から優秀だと評価されている
・マシュマロを食べた子どもと食べなかった子どもの間では、大学進学適性試験（SAT※）のトータル・スコアにおいて、平均210ポイントの差がある
・被験者の大脳を撮影した結果、マシュマロを食べた子どもと食べなかった子どもの間では、集中力に関係するとされる領域の活発度において、重要な差異が発見された

ミシェルはこの実験から、幼児期においては、IQよりも自制心の強さの方が将来の学力に大きく影響するという結論を出した。また、子どもたちが45歳になった2011年に行われた追跡調査においても、この傾向が継続していることが分かった。

※アメリカの大学入学時に考慮する要素の一つで、通常、高校3・4年生が受験し、大学での学問に必要な読み書き、計算、作文などの能力測定を目的としている。

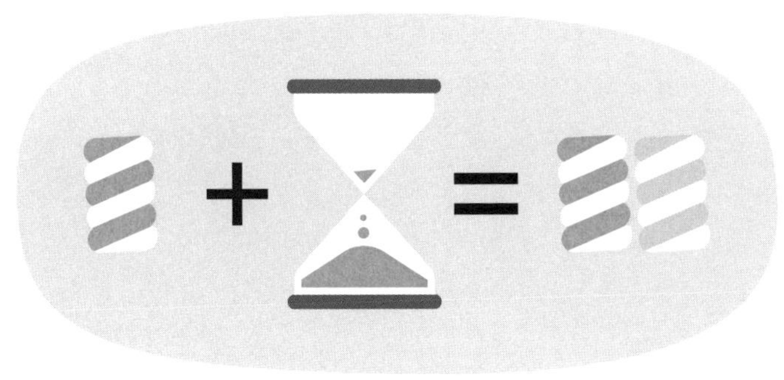

「マシュマロ実験」の結果は限定的!?

スタンフォード大学で「人間行動に関する、最も成功した実験のうちの一つ」として評価されているマシュマロ実験だが、2018年に実施された再現実験では、「マシュマロ実験の結果は限定的」と発表された。

スタンフォード大学の実験では、被験者が大学関係者に限定されていたため、再現実験ではより幅広い被験者を対象としたほか、被験者数を900人以上に増やし、被験者の世帯年収などの要素も加えてより複合的な分析を行った。そして、以下のような結論が示された。

- 「マシュマロを我慢できたかどうか」は被験者の経済的背景と関連性が高く、「その後の人生における長期的な成功」の要因としては、「マシュマロを我慢できたかどうか」よりも、「被験者が経済的に恵まれていたかどうか」の方が重要だった。
- 「マシュマロを我慢できたかどうか」と「その後の人生における長期的な成功」は、原因と結果の関係ではなく、「経済的背景という一つの原因」による「2つの結果」だった。

つまり、幼児期の自制心の強さよりも、教育や家庭環境といった要因の方が、将来の成功により大きな影響を持つという結論が導き出され、現在ではこちらの方が主流の考え方となっている。

対策

子どもの人生にとって家庭環境が重要ということは、生まれたときから人生が決まっているようなものだ。身もふたもないような結論だが、原因が分かっているなら、自分でできることもあるはずだ。

経済的背景にかかわらず、自制心=長期的視野を持つ者が長期的成功を収めるということに違いはない。まずは、常に長期的視野を持つよう自分で意識し、結果を想像して行動する訓練をしてみよう。

メラビアンの法則

言語、聴覚、視覚から受け取る情報がそれぞれ異なる場合、言語情報が7%、聴覚情報が38%、視覚情報が55%の影響を受け手に与えるという心理法則。「7-38-55のルール」、「3Vの法則」とも呼ばれる。

提唱者

アルバート・メラビアン（心理学者）

提唱年

1971年

アメリカの心理学者アルバート・メラビアンが行った実験に基づく法則で、他人とのコミュニケーションにおいて、言葉に対して感情や態度に矛盾がある場合、言語情報が7%、聴覚情報が38%、視覚情報が55%の割合で他人に影響を与えるというもの。この割合から、「7-38-55のルール」とも呼ばれる。また、Verbal（言語情報）、Vocal（聴覚情報）、Visual（視覚情報）の頭文字を取って、「3Vの法則」とも呼ばれる。

例

以下は、言語情報、聴覚情報、視覚情報に矛盾がある状況の具体例だ。言葉と感情が一致していない場合、受け手が混乱し、本来伝えたいはずの情報が伝わりにくくなる。

●笑いながら叱る

- 言語情報（7%）：叱られている内容や言葉遣い→ネガティブ
- 聴覚情報（38%）：低いトーン、怒った声→ネガティブ
- 視覚情報（55%）：笑っている、明るい表情→ポジティブ

ポジティブな印象が55%、ネガティブな印象が45%となるので、あまり本気で怒っていないという印象が強くなる。

●不機嫌そうにありがとうと言う

- 言語情報（7%）：お礼を述べている→ポジティブ
- 聴覚情報（38%）：低いトーン、暗い声→ネガティブ
- 視覚情報（55%）：機嫌が悪そうな表情→ネガティブ

ポジティブな印象が7%、ネガティブな印象が93%となるので、お礼を言われても、何らかの不満があるという印象が強くなる。

メラビアンによる２つの実験

1つ目は聴覚情報の優位性について検証した実験だ。表情や口調の強弱を変えて、「maybe（そうかもしれない）」と言われたとき、受け手がどのような印象の変化を感じるかを検証した。

すると受け手は、強い口調で「maybe」と言われたときの方が、普通の口調で言われたときよりも説得力が増すと感じたという。つまり、言葉の意味よりも、話すときの音の方が受け手に対する影響力が強いという結果になった。

2つ目は視覚情報の優位性について検証した実験だ。まず被験者に「好き」「嫌い」「普通」から連想する単語を3つずつ選ばせ、合計9つの単語を、それぞれ「好き」「嫌い」「普通」を想起させる声色でレコーダーに録音した。次に、「好き」「嫌い」「普通」を表した表情の顔写真を1枚ずつ用意した。そして、録音した音声と写真をさまざまな組み合わせで被験者に示し、被験者がどのような印象を持ったかを質問した。例えば、怒った顔写真を見ながら優しい声で発せられた単語を聞いたとき、顔写真の人物は「嫌い」という感情を持っていると被験者が判断したなら、視覚情報の影響力が強いということになる。

その結果、言語情報、聴覚情報、視覚情報が一致しない場合は、視覚情報が最も優先され、次いで聴覚情報、3番目に言語情報が優先されるということが判明した。

メラビアンの法則は誤解されやすく、「見た目やジェスチャーの表現を重視すれば、話の内容に気を配る必要はない」「話の内容はわずか7%しか相手に伝わらない」などと解釈されることがある。しかし、この法則は、矛盾した情報の中でどの情報が優先的に受け取られるかを調べたものであり、話の内容はおろそかにしてもいいということではないため、注意しよう。円滑なコミュニケーションには、言語情報、聴覚情報、視覚情報の全てに矛盾がなく、バランスが取れていることが大切だ。

活用

●部下とのコミュニケーション

部下が仕事のミスを報告しに来たときは、頭ごなしに叱らずに、落ち着いた表情で対応してみるとよいだろう。そうすることで部下は冷静に事の経緯を説明することができ、上司はミスの概要をより正確に把握できるようになるだろう。

反対に良い報告に対しては、笑顔で褒めたり喜ぶことで気持ちが伝わりやすくなり、部下のモチベーションアップも期待できる。

●営業・プレゼンテーション

製品やサービスのメリットをアピールする場面で、暗い表情で淡々と話すだけでは、その良さは伝わりにくくなる。このとき、課題を提示する場面では少し困ったような表情で訴えかけ、解決策を示す場面では明るい表情で声のトーンを高くするといった変化をつけると、相手の興味を引きつけ、製品やサービスの魅力を効果的にアピールすることができる。

ヤーキーズ・ドットソンの法則

適度な緊張状態のときはパフォーマンスが向上し、緊張状態が過度に強い、もしくは過度に弱い場合はパフォーマンスが低下するという生理心理学の法則。

提唱者

ロバート・ヤーキーズ（心理学者）
ジョン・ディリンガム・ドットソン（心理学者）

提唱年

1908年

ストレスや緊張状態が適度にあるとき、パフォーマンスは最も高くなる。しかし、ストレスや緊張状態が極端に弱い、あるいは逆に強過ぎるときには、パフォーマンスは低下する。心理学者のロバート・ヤーキーズとジョン・ディリンガム・ドットソンが、1908年にネズミを用いた実験で発見した。

2人は黒と白の目印を区別するように訓練したネズミを用いて、ネズミが区別を間違えた場合は電気ショックを与えて学習を促すという実験を行った。その結果、強い電気ショックを与えられたネズミには学習効果が現れなかったが、弱い電気ショックを与えられたネズミは効果的に学習することが明らかになった。この法則は人間にも当てはまり、ある程度の刺激はモチベーションを高めるが、責任が重過ぎたり、ストレス過多になると、疲弊して課題に取り組めなくなる。

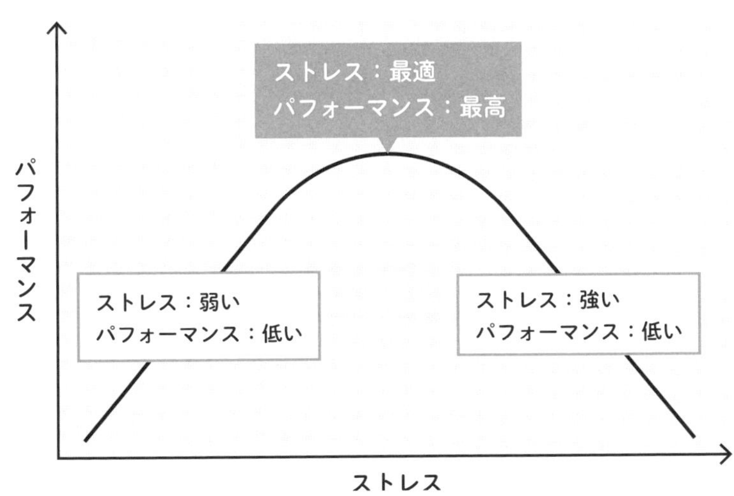

▲ストレスとパフォーマンスは逆U字型の関係にある。あるレベルまではストレスの高まりに従ってパフォーマンスは向上し、あるレベルを超えるとパフォーマンスは低下する。

適切な緊張状態は、課題の難易度によって変化する。やり慣れた単純作業の場合は、比較的強い緊張状態やストレスがある方が効果的とされている。具体的には、ミスに対して厳しいペナルティを課すことで、パフォーマンスの維持が期待できる。ストレスが極端に少ないと、やる気が出ず、無気力になる恐れがある。

複雑で難しい課題の場合は、課題をこなすこと自体に大きなストレスがかかる。そのため、休息を十分にとり、身の丈に合った目標設定にするなどして、ストレスが軽くなるように調整するのが望ましい。

例

図書館や自習室、カフェなどで勉強や仕事をする方が、自宅よりも集中して取り組める経験をした人はいるのではないだろうか。これは、音や人の目があることで、本人にとって適度なストレスがかかり、作業効率が上がるためだ。

活用

●チームでの業務

チームの生産性を高めるためには、メンバーが適度な緊張感の中で活動できるように、環境の調整をしていくことが大切だ。そのためには、ルーティンワークばかり振るのではなく、時にはチャレンジングな仕事に取り組ませたり、ライバルの存在を意識させるなど、メンバーとコミュニケーションを取りながら、常にほどほどの危機感や切迫感を感じ続けられる環境をつくっていくとよいだろう。

●営業

月間や年間の営業活動の目標を設定するとき、大きい目標だけではモチベーションは維持しにくい。これは、目標が達成できない状況が続いた場合、強いストレスを感じて、やる気が下がるためだ。そのため、大きな目標のほかに、「週に2回は既存の顧客へフォローメールを送る」「1日10件はテレアポを行う」など、小さな目標も設定しよう。実現可能な小さな目標を立てて達成することで、モチベーションを維持でき、パフォーマンス向上につながる。また、小さな目標を達成できたら自分にご褒美をあげるといった工夫も効果的だ。

LATCHの法則

情報を分類・整理するための5つの方法。

提唱者

リチャード・ソール・ワーマン（グラフィックデザイナー）

提唱年

2001年

TEDカンファレンスの設立者として知られる、アメリカのグラフィックデザイナーのリチャード・ソール・ワーマンが提唱した、情報整理の方法。Location（場所）、Alphabet（アルファベット）、Time（時間）、Category（カテゴリー）、Hierarchy（階層）の頭文字を取って、「LATCHの法則」と呼ばれる。この整理方法を帽子掛けになぞらえて、「究極の5つの帽子掛け」とも呼ばれる。LATCHの法則を知ることで、身の回りの片付けから、社内資料やウェブサイトの作成、ビッグデータを扱うデータベースの整理に至るまで、あらゆる物や情報の整理に役立てることができる。

●Location（場所）

地図や路線図のような地理的・空間的な情報を並べる場合は、Locationによる分類が有効だ。例えば、お問い合わせフォームでユーザーに居住地を選択させる場合、日本では最北端の北海道から順に選択項目を並べることが多い。ただし、この分類法を用いるには、ユーザーが場所の並び順について理解していることが前提となる。

五十音順	場所順
都道府県 ▼	都道府県 ▼
愛知県	北海道
青森県	青森県
秋田県	岩手県
石川県	宮城県
⋮	⋮

▲都道府県において、左の図のような五十音順の並びは、ユーザーにとって見慣れていないため、混乱する可能性が高い。右の図のように北から順に並べると探しやすくなる。

●Alphabet（アルファベット）

五十音など言語記号に基づいて情報を組織化する方法で、索引や名簿などに使用される。対象となる情報の言葉や記号を理解している場合は、早く見つけることができる。都道府県の場合は北から順に並べるが、市区町村の場合はAlphabetの分類に基づき、五十音順で並べることが多い。これは、都道府県の位置は多くの日本人にとって共通認識であるのに対し、市区町村の詳細な位置関係を認識している人が少ないためだ。

●Time（時間）

時間軸に沿って情報を整理する方法で、年表、タイムテーブル、ネットショッピングの注文履歴などに使用される。時系列順に情報を並べることで変化を把握しやすく、観察や比較が簡単にできる。商品やサービスを紹介するウェブサイトでは、実際にユーザーが利用する手順を時間軸に沿って紹介することがある。時間軸で並べることで、ユーザーはサービスを利用するイメージを持ちやすくなる。新規のサービスや見慣れないサービスを打ち出す際、ユーザーに不安を与えないための有効な手段といえる。

●Category（カテゴリー）

飲食店のメニュー、商品陳列、書籍など、対象の情報が属するジャンルやカテゴリーに沿って分類する方法。似たような情報を同じカテゴリーに入れておくことで、他の商品やサービスを勧めやすくなる。この分類法を使用する際は、そのカテゴリーがユーザーにとって一般的か考えよう。また、情報量が多くなると必然的にサブカテゴリーを設ける必要が出てくるが、あまりにも細かく分類すると、かえって探しにくくなるので注意しよう。

●Hierarchy（階層）

数量、大きさ、重要度など、共通の基準に基づいて情報を組織化したいときに有効だ。身長や重さ、1位から順番に並ぶランキングも、Hierarchyの分類に当てはまる。ECサイトでは、購入数やPV数をランキング形式にして掲載することがある。商品をランキングとして掲載することで、ユーザーの注目を集めるポイントになる。

ランチェスターの法則の第一法則

弱者が強者に勝つための法則。
「一騎打ちの法則」ともいう。

提唱者

フレデリック・ウィリアム・ランチェスター（エンジニア）

提唱年

1914年

「ランチェスターの法則」とは、規模や戦闘能力が異なる2つの集団がそれぞれ取るべき戦略を示した概念のこと。第1次世界大戦の際に、戦争における戦闘員の減少具合を数理モデル化したもので、イギリスのエンジニアのフレデリック・ウィリアム・ランチェスターが提唱した。この法則は、弓矢や槍などを使った古典的な戦闘に関する「第一法則」と、小銃やマシンガンといった近代的な戦闘に関する「第二法則(P.116)」の2つから成る。軍事戦略を基に作られた法則だが、マーケティングと似ている部分があるため、現代ではビジネスシーンに応用されている。

第一法則は接近戦を想定したもので、「一騎打ちの法則」とも呼ばれる。計算式にすると、「戦闘力＝武器効率×兵力数」となる。

例

同じ武器を持つ10人のA部隊と6人のB部隊が戦った場合、戦闘力は兵力数に比例する。そのため、同じ武器効率の場合は兵力数が多いA部隊が勝利する。

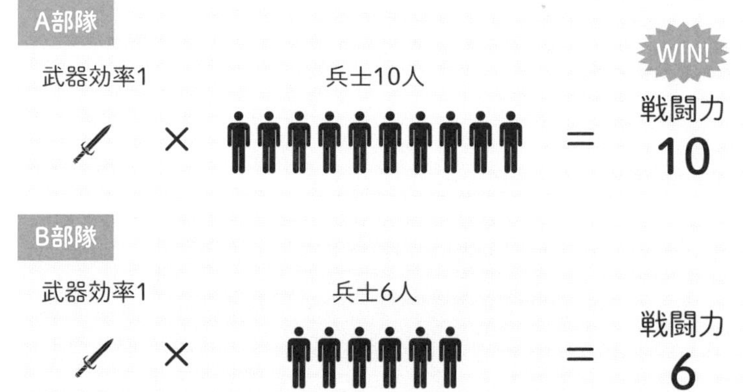

しかし、人数が少なくても武器効率が高い場合は、B部隊でも勝利することができる。このため、第一法則は弱者のための戦略といわれている。

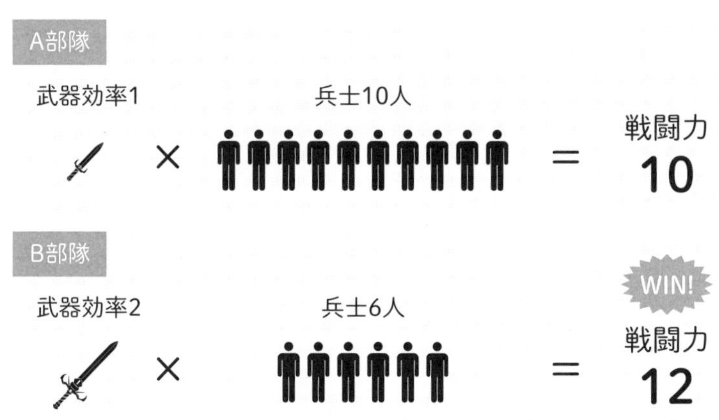

また、地の利を生かした局地戦に持ち込んだり、相手の兵力を分散させて一部分を集中攻撃するなど、人数で劣る場合でも戦略に工夫の余地がある。

活用

ランチェスターの法則をビジネスに応用した経営戦略のことを、「ランチェスター戦略」と呼ぶ。ランチェスター戦略では、市場シェアで圧倒的1位の企業は強者、2位以下の企業は全て弱者となる。

弱者の企業は、第一法則を踏まえたビジネス戦略を検討するのが有効だ。競合他社と差別化を図り、大企業が狙っていないターゲットやニッチな領域を発見することが重要になる。具体的には、次の5つの戦法を取り入れることで、優位に立てるとされている。

・局地戦：エリアや対象を限定して営業する
・接近戦：顧客に接近し、顧客の心をつかむ
・一騎打ち戦：ピンポイントの分野の競合と戦う
・一点集中主義：目標を一つに絞り、重点的に攻める
・陽動作戦：強者が思いもよらない方法を仕掛ける

ランチェスター戦略における3つの鉄則

ランチェスター戦略には、実行する上で守るべき3つの鉄則がある。

①一点集中主義

対象や領域を一点に絞り、そこに集中して勝負をかける考え方。地域や顧客、流通、商品やサービスなどから、勝ち目のある領域を設定し、そこに経営資源を投入する。市場分析することで、今は1位ではなくとも、逆転の可能性がある分野を見つけることもできる。

②「足下の敵」攻撃の原則

市場シェアを伸ばしたい場合、自社よりも一つ下の競合を攻撃するという考え方。足下の敵とは、自社よりも市場シェアが一つ下の競合他社のことを指す。例えば、自社が3位の場合、4位の企業が足下の敵に該当する。一つ下の敵を倒せば、敵は順位が下がり、敵の売り上げや顧客を奪うことが可能となる。その結果、自社との差も広がる。

③ナンバーワン主義

2位以下を圧倒的に引き離した状態を目指す考え方。たとえ1位になったとしても、2位と大差がなければナンバーワンとはいえないのが、ランチェスター戦略の特徴だ。小さな市場でもナンバーワンになることで、知名度の向上やシェア率の拡大などのメリットが得られ、他の市場でもトップを狙えるようになる。

ランチェスターの法則の第二法則

強者が勝ち続けるための法則。
「集中効果の法則」ともいう。

提唱者

フレデリック・ウィリアム・ランチェスター（エンジニア）

提唱年

1914年

「ランチェスターの法則の第二法則」は、近代的な戦闘に関する法則で、「集中効果の法則」とも呼ばれる。小銃やマシンガンといった近代的な兵器を用いた、遠距離による広域戦を想定している。1人で複数の相手を同時に攻撃する、または集団が複数の相手を同時に攻撃する戦闘が当てはまる。計算式にすると、「戦闘力＝武器効率×兵力数の2乗※」となる。

※兵力数が2乗になる理由は、広域にて遠距離で戦うと相乗効果を発揮するため。

例

同じ武器を持つ10人のA部隊と6人のB部隊が戦った場合、人数の多いA部隊が、「第一法則(P.112)」のケースと比べて圧勝することになる。広域にて遠距離で戦う場合、武器効率よりも兵力数が戦闘の勝敗を大きく左右する。

武器効率1 × 兵士10人の2乗 = 戦闘力 100 (WIN!)

B部隊

武器効率1 × 兵士6人の2乗 = 戦闘力 36

武器効率が異なる場合も兵力数の差がもたらす影響が大きいため、B部隊が武器効率を高くしても、兵力数が多いA部隊に勝つのは困難になる。このため、第二法則は強者が勝ち続けるための戦略といわれている。

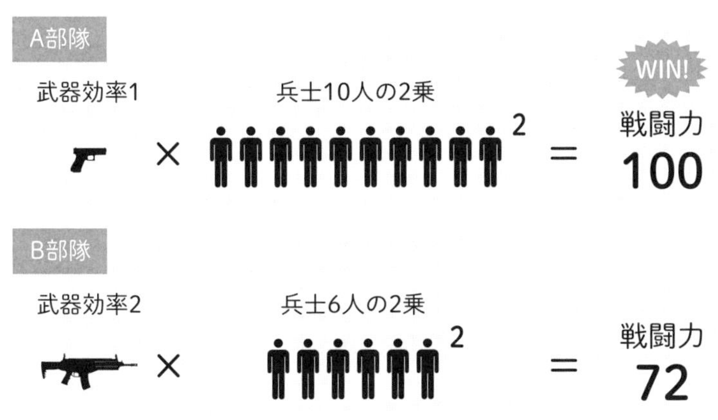

活用

市場シェア1位の大企業は、強者として第二法則を用いて、弱者の企業を寄せ付けないための戦略を検討するのが有効だ。ブランド力や資金力などを活用して、市場規模を拡大した広域戦に持ち込むことが基本となる。

そこで強者の企業が取るべき戦略は、弱者が行う差別化戦略に追随し、弱者の競争優位性をなくす「ミート戦略」だ。例えば、弱者が新しい商品やサービスを出したときに、それをまねた商品やサービスを即座に出すといった戦略を取る。後発的に中小企業と同じ顧客層に訴求したとしても、大企業のブランド力によって顧客からは信頼されやすい。また、商品の宣伝においては、テレビやラジオ、インターネットなど、あらゆる媒体で顧客にアプローチする方法も採用できる。次の5つの戦法を取り入れることによって、競合を圧倒できるとされている。

・広域戦：各地の支社や豊富な人材で営業する
・遠隔戦：広告などを用いて顧客にアプローチする
・確率戦：競合が多い市場を狙う
・総合主義：商品数、品質、対応エリアなど自社の強みを活用する
・誘導戦：弱者と同等の品物を低価格で出し、価格競争に持ち込む

ロングテールの法則

販売数の少ないニッチな商品の売り上げ合計が、
主力商品の売り上げよりも高くなる現象。

提唱者

クリス・アンダーソン（編集者）

提唱年

2004年

主にインターネット販売において、売れ筋以外の商品の売り上げ合計が、売れ筋商品の売り上げよりも高くなる現象。アメリカのWIRED誌編集長のクリス・アンダーソンが、2004年に発表した『the Long Tail』という記事の中で提唱した。売れ筋商品とそれ以外の商品を軸に並べたときに、恐竜の細く長い尻尾のように見えることから、「ロングテールの法則」と名付けられた。

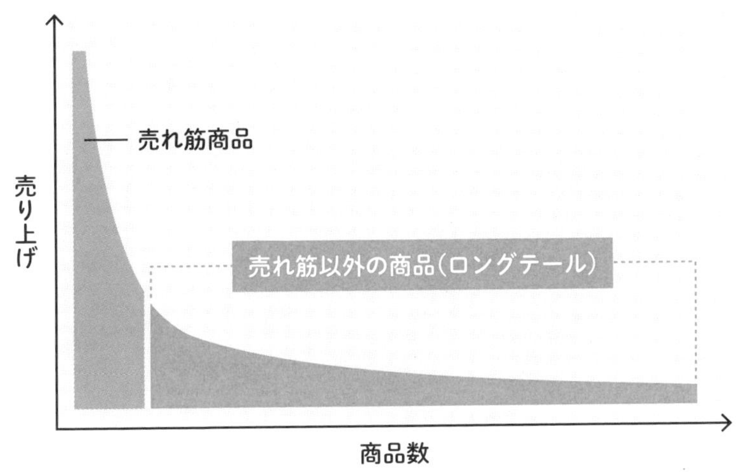

ロングテールの法則と反対ともいえるのが、「商品の売り上げの8割は2割の顧客や売れ筋商品が生み出している」という「パレートの法則（P.72）」だ。パレートの法則は、インターネット販売が登場するまでは、マーケティングにおける主流の考え方だった。実店舗の場合、商品を置けるスペースに限りがあり、ニッチな商品でも管理コストがかかる。そのため、ニッチな商品ではない、メインの売れ筋商品が全体の売り上げの8割を稼いでおり、パレートの法則が当てはまっていたということになる。

一方、インターネット販売では、商品が売れるまで人が付きっきりになる必要はなく、物を売るためのコミュニケーションコストは実店舗よりも少ない。月に一つしか売れないような商品でも、管理コストが安く済むため、さまざまな種類をそろえておくことができ、結果的に人気商品の売り上げを上回ることが可能となる。これにより、ロングテールの法則の考え方が普及した。

ロングテールの法則は、ウェブで商品を販売する際に押さえておきたい考え方だ。この法則を導入するメリットは、オンライン店舗は実店舗と異なり、陳列する商品数に制約がない点だ。そのため、売れ筋から年に一度しか売れないような商品まで、用意している全ての商品をオンライン店舗の利用者に紹介でき、最大の販売機会が得られる。売れ筋商品に頼らないため、流行やブームに左右されにくい、安定した売り上げの継続が期待できる。

なお、ロングテールの法則を導入する際に注意したいのは、ページがあれば放置しても売れるとは限らないということ。サイトのメンテナンスや、コンテンツ内容のレベルアップなど、商品の購入につながる導線を作らなければならない。また、インターネットで配信できるデジタルコンテンツ商品の場合は、在庫管理の問題はないが、形のある商品については、倉庫や配送に関わる手間と経費の負担も、経営上の課題となる。

例

●Amazon

ニッチな商品を多く集め、ページを増やすことで集客を行い、売り上げを伸ばすことに成功した。売り場面積という制約がほとんどないインターネットならではの戦略として大いに注目され、その後のウェブマーケティングに大きな影響を与えた。

●Netflix

動画配信事業をメインで行っているため、そもそも在庫を管理すること自体が不要で、場所の制約がない。マイナーな映画やテレビ番組まで取り扱うことができ、ランキングが5万位ほどの動画であっても、十分な売り上げがあるといわれている。

●IKEA

実店舗を持つ販売形態でありながら、ロングテールの法則で成功している。一度の買い物で家具を一通り買いそろえられるため、集客力が高い。地価の安い郊外に倉庫と一体化した店舗を構えていることから、商品の管理コストを最小限に抑えている。

予測を立てる時に役立つ！

社会・経済の法則

72の法則

複利で資産運用を行うときに、
投資額が2倍になる期間を求める計算式。
72÷金利（%）＝運用年数

提唱者

ルカ・パチョーリ（数学者）

提唱年

1494年

資産運用を行うときに、元本(投資額)がどれくらいの期間でいくら増えるのかは気になるところだが、「72の法則」を使うと、元本が2倍になるまでのおおよその期間を求めることができる。

計算方法はシンプルで、「72÷金利≒元本が2倍になるまでにかかる年数」だ。例えば、利息0.01%の普通預金に100万円を預けた場合、2倍の200万円に増えるまでには、「72÷0.01＝7200」となり、7200年の期間を要することが分かる。

ところで、「相対性理論」で知られる20世紀最大の物理学者アインシュタインが「人類最大の発明」と評したものを何かご存知だろうか。答えは、「複利」だ。複利とは、古代ローマの時代からある金融の概念で、利息の額を元本に組み込んで計算する考え方のこと。長期で取り組むほど雪だるま式にお金が増えていく仕組みである。物理学の常識を次々と覆したアインシュタインが、複利を「人類最大の発見」と評したのは、資本主義社会の急成長を目の当たりにし、複利がその原動力になっていると考えたからといわれている。

複利は計算がややこしいため、これを解決するのに72の法則が用いられるようになった。提唱したのは「会計学の父」と呼ばれるイタリアの数学者ルカ・パチョーリといわれており、1494年に出版した数学書『スムマ』で72の法則について述べている。

◀講義中のアインシュタイン。1921年、ウィーンにて。

単利と複利

利息の計算方法には、利息を元本に組み入れない「単利」と、利息を元本に組み入れる「複利」の2種類がある。

例えば、100万円を単利5%の金融商品に預けた場合、1年間の利息は毎年5万円で、3年間預けると元本と合わせて115万円になる。一方、複利5%の場合は、1年目の利息は5万円だが、2年目は5万2500円、3年目は5万5125円と増えていき、元本と合わせて115万7625円になる。3年ではわずかな差に見えるかもしれないが、時間が経過するにつれ、単利との差は広がっていく。

単利の金融商品として代表的なものは国債や地方債、社債などがあり、多くの金融機関が取り扱っている定期預金などは複利の金融商品である。

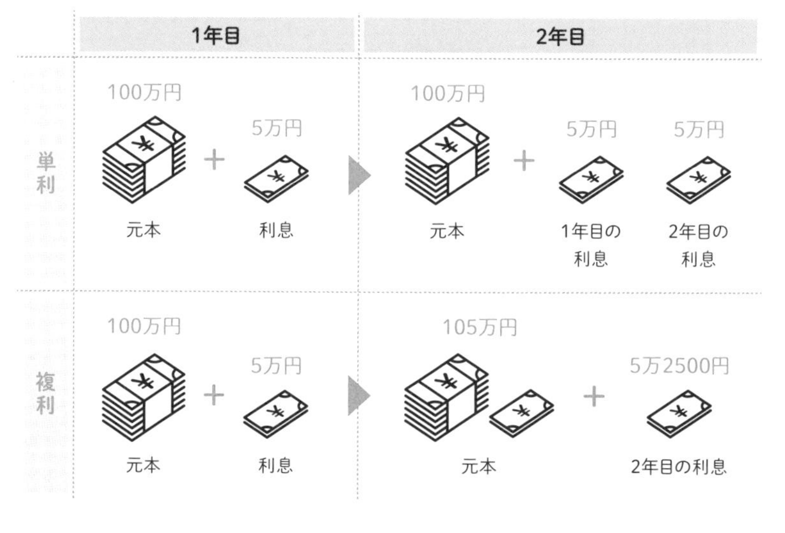

72の方式は、元本を希望の時期までに2倍に増やしたい場合の必要な金利を求める際にも利用できる。しかし、この算式はあくまで概算であり、また、分数の分子として72の代わりに69か70を使う方が実際には精度が高いともいわれている。とはいえ、ほとんどの標準

的な状況では72の法則だけで十分であり、覚えておくと資産運用や借り入れの場面で役立つだろう。

●資産運用

100万円を金利3%の金融商品に預けたとき、200万円になるまでにかかる期間は「72÷3＝24」で約24年かかる。

●資産運用

10年後に元本を2倍にしたいときに必要な金利は「72÷10＝7.2」で、7.2%程度の金利が必要。

●借り入れ

金利18%で50万円を借り、返済額が倍になるまでの期間は「72÷18＝4」で4年。4年間返済せずにいると、返済額は約100万円になる。

100の法則・115の法則

「100の法則」は、単利で運用して元本を2倍にするまでの期間を求める計算式だ。100を金利で割って求めることができ、例えば100万円を年利5%で運用した場合は「100÷5%＝20」となり、元本が2倍の200万円に増えるまで20年かかることが分かる。

また、「115の法則」は、複利で運用した場合に元本が3倍になるまでの期間を求めることができる計算式で、115を金利で割って求める。100万円を年利5%で運用した場合、「115÷5%＝23」となり、元手の100万円を3倍の300万円にするには約23年の年月が必要だということが分かる。

青木の法則

**内閣支持率と与党第一党の政党支持率を足した数字が
50を下回った場合に政権が倒れる、
または政権運営が厳しくなるとされている。
「青木の第一の法則」ともいう。**

提唱者

青木幹雄（政治家）

提唱年

不明

「参議院のドン」と呼ばれていた元参議院議員の青木幹雄が提唱したとされる、内閣の安定度を示す経験則。内閣支持率と与党第一党の政党支持率を足した数字（青木率）が50を下回った場合、政権の存続が危うくなるとされている。

また、与党第一党の現有議席に青木率をかけた数の近似値が選挙の獲得議席となる「青木の第二の法則」も存在し、先述したものは「青木の第一の法則」とも呼ばれる。

例

●国政選挙

2009年8月に行われた世論調査で青木率49.6%（内閣支持率23%＋与党支持率26.6%）となり、同月に実施された第45回衆議院選挙の結果、政権交代することとなった。

活用

●投資

青木率が低い状態で解散総選挙が行われる場合、選挙後の政権運営が不安定になることで、海外投資家の日本への投資が激減することが見込まれる。投資をしている人は、さまざまな可能性を視野に入れて、戦略を練る必要があるだろう。

グレシャムの法則

名目上の価値が等しい良貨と悪貨が同時に流通すると、やがて良貨は貯え込まれ、悪貨だけが流通する現象。「悪貨は良貨を駆逐する」ということわざの由来。

提唱者

トーマス・グレシャム（財政家）

提唱年

1560年

金や銀の含有量が多い良貨と、質の悪い悪貨が同じ額面で流通していると、良貨が保管されたり輸出されるなどして市場から消えてしまい、やがて悪貨だけが残るという法則。金本位制※時代の金貨や銀貨など、それ自体に価値のある貨幣に当てはまる。

▲ロンドンの経済活動の中心地であるシティー・オブ・ロンドンに建つ、グレシャム像。

この法則を提唱したのは、16世紀にイギリス王室の財政顧問を務めていたトーマス・グレシャム。当時、イギリスでは銀の含有量を減らした悪貨が多く流通したため通貨の価値が下がり、イギリス王室の財務状況が悪化していた。そこでグレシャムは、エリザベス1世に現行の悪貨を回収し貨幣を元の品質に戻すように提言し、王室の海外負債の大部分を清算した。後に、19世紀の経済学者ヘンリー・D・マクロードがこの法則を自著『政治経済学の諸要素』で「グレシャムの法則」と命名して紹介すると、広く一般に知られるようになった。

現代では「悪貨は良貨を駆逐する」という言葉が知られており、「悪いものほど世の中に広がり、良いものは消えてしまう」「悪がはびこり、善が滅びる」という意味合いのことわざとして使われている。

※金を本位通貨として紙幣の価値の安定を図る通貨制度。

例

●家具

有名デザイナーの安価なジェネリックプロダクト（リプロダクト）が多く出回り、正規品が売れなくなった。

●組織

やる気のない社員が入社した結果、課内全体の活気がなくなってしまった。

江戸時代におけるグレシャムの法則の例

第5代将軍徳川綱吉の時代、貨幣の需要が高まり、大量の貨幣を鋳造する必要があった。しかし、金の採掘量の減少に加え、幕府の財政は危機に瀕していたため、貨幣の鋳造は困難だった。そこで、勘定方役人の荻原重秀は、それまで使っていた慶長小判よりも金の含有量を3分の2ほどに落とした元禄小判を発行し、慶長小判を回収することにした。ところが、当時の江戸市民は新しい元禄小判が粗悪になったことに気付き、慶長小判を貯えるようになっていたため、慶長小判の回収は難航した。そこで幕府は、慶長小判1000枚と元禄小判1200枚を交換するという通達を出した。結果、通貨量は増大したが、貨幣の価値が落ち、大規模なインフレーションが発生することとなった。

儒者の新井白石は重秀を厳しく批判したが、近年では幕府を財政危機から救った名勘定奉行として重秀の功績を評価する声もある。

対策

グレシャムの法則は、金本位制の経済学の法則だが、それを組織や事業に当てはめた「計画のグレシャムの法則」というものがある。これは、「人はルーティン化された業務に追われていると、長期的で重要な計画や創造的な仕事を考えられなくなってしまう」という法則で、ノーベル経済学賞を受賞したアメリカの学者ハーバート・サイモンが提唱した。「ルーティンは創造性を駆逐する」ともいわれる。

●仕事

ルーティン業務を見直し、不必要な業務をやめることで、創造性を担保するための時間が確保できるようになる。「昔からこのやり方でやっているから」という理由は、ルーティン業務を続ける理由にはならない。ルーティン業務の思い切った断捨離が必要だ。

ゴッセンの第一法則

**消費量が増加するにつれて、
新しく消費するときの効用（満足度）が減少していく法則。
トータルで見れば満足度は上がっていくが、
1回目が一番感動するということ。**

提唱者

ヘルマン・ハインリヒ・ゴッセン（経済学者）

提唱年

1854年

別名「限界効用逓減（げんかいこうようていげん）の法則」と呼ばれ、ミクロ経済学で用いられる概念。「限界効用」とは、財（物やサービス）を1単位消費するときに追加的に得られる満足度のことで、「逓減」は次第に減っていくことを意味する。つまり、財の消費量が増えるにつれて、財の追加消費分から得られる満足度の上昇分は、次第に小さくなるという法則だ。

ドイツの経済学者ヘルマン・ハインリヒ・ゴッセンが、人間の行動の観察に基づき、自著『人間交易論』で提唱した法則で、後にオーストリアの経済学者フリードリヒ・フォン・ヴィーザーが「ゴッセンの法則」と命名した。

例

●食事

ケーキの食べ放題で、1個目は非常においしく感じられ、満足度も高いが、2個、3個と食べていくにつれて、1個目と比較して満足度の上昇分（限界効用）は小さくなる。

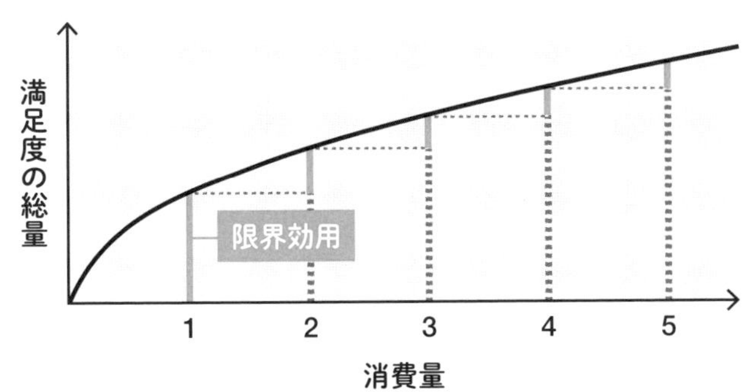

▲満足度と消費量の相関イメージ。限界効用が次第に減っていくことが分かる。

ゴッセンの第二法則

**各財の1円当たりの限界効用が
等しくなるように消費すると、
最大の効用（満足度）が得られる。**

提唱者

ヘルマン・ハインリヒ・ゴッセン（経済学者）

提唱年

1854年

ゴッセンの第二法則は、利益最大化の観点から、消費者の需要と効用の関係を示す法則で、別名「加重限界効用均等の法則」と呼ばれる。「加重限界効用」とは、1円当たりの限界効用のことで、「限界効用÷価格」で求めることができる。この加重限界効用が全ての財において等しくなるとき、最大の満足が得られるというものだ。

この法則により、人は追加的に得られる満足度がより高いと思われる財があるのであればそちらを消費し、自ら進んで選択することで、気付かないうちに自分の満足度を最大化するよう行動しているということが分かる。

例

●食事

居酒屋において、1本100円の焼き鳥の限界効用が800のとき、1円当たりの限界効用は「800÷100」で8となる。対して、1杯500円のビールの限界効用が2000の場合、加重限界効用は「2000÷500」で4となる。このとき、手っ取り早く満足度を高めるためには加重限界効用の高い焼き鳥を注文するが、続けて注文すると「ゴッセンの第一法則(P.136)」により、焼き鳥の加重限界効用は下がっていく。逆に、しばらくビールを飲んでいないと、ビールを飲みたいという気持ちが高まり、ビールの加重限界効用は高くなる。最終的に、焼き鳥の注文を1本減らしたときの加重限界効用と、その分ビールの注文を1杯増やしたときの加重限界効用が等しくなるときに、最大の満足が得られる。

セイの法則

**需要量自体は供給量に依存しており、
販路が広がり生産物の流通量が増えるほど、
国家の富は増加する。
「販路説」ともいう。**

提唱者

ジャン＝バティスト・セイ（経済学者）

提唱年

1803年

フランスの古典派の経済学者、ジャン＝バティスト・セイが自著『経済概論』で提唱した経済学説で、 1800年代中頃から1930年代まで経済学の中心的な概念だった。「販路説」とも呼ばれる。

広い意味での「セイの法則」には2種類あり、一つ目は、「生産物に対して販路を開くのは生産である」と要約される。例えば、生産者が人から物を買ってもらい支払いを受けるには、人々の購買力が必要となるわけだが、購買力は、その人が生産することによって得られる。よって、生産者が増え、生産が増えれば増えるほど販路が拡大し、国家の富の増大につながるというのがセイの考えだ。また、供給された商品やサービスは、それ自体が新たな需要、すなわち消費を生み出すとも述べている。

二つ目は、イギリスの経済学者ジョン・メイナード・ケインズが1936年に出版した著書『雇用・利子および貨幣の一般理論』の中で、セイの学説を「供給はそれ自身の需要を創造する」と要約し、「セイの法則」と名付けたもの。注意すべきは、ケインズは「供給された量は必ず需要される」と要約しているが、セイ自身はこのような表現はしていないということ。セイは、どのような供給規模であっても、価格が柔軟に変動するなら需要と供給は一致し、過剰生産は起きないと述べているに過ぎず、生産したら生産しただけ物が売れるという解釈は間違いだ。

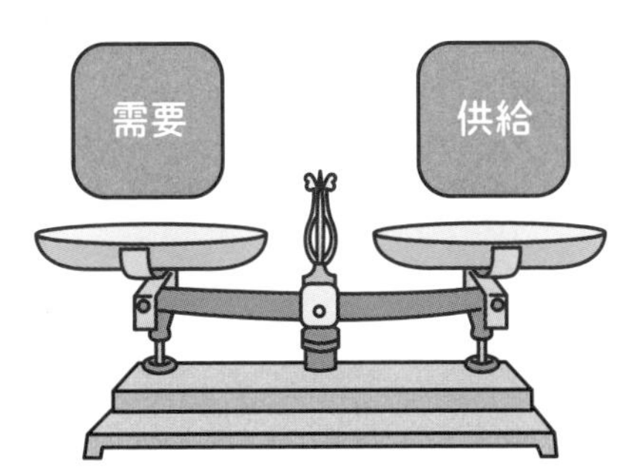

例

●市場（総需要の不足）

Aさんはワインを地元で売っていたが、売れ残ってしまった。そこで、他の町にも出向いて全て売り切った。さらに販路を拡大し、ワインの生産を増やした。

●市場（客の購買力不足）

Aさんのワインを購入しなかった住民は、購買力が足りないという理由からだった。住民は生産活動をもっと活発にすることで富を増やし、Aさんの商品を購入。ワインの売れ残りは解消した。

●市場（価格調整）

Bさんはチョコレートを500円で売っていたが、次第に売れなくなってきた（部分的供給過剰）。そこで、300円に値下げをしたところ、需要が増え、また売れるようなった。そうして需要が供給と一致するところまで価格は下がっていき、チョコレートの価格は最終的に200円に落ち着いた。

有効需要の原理とケインズ経済学

「有効需要の原理」とは、ケインズが『一般理論』の中で主張した学説で、セイの法則と相対する。これまで古典派が使用してきた需要とは「欲しい」という欲望そのものを意味していたが、「有効需要」とは金銭的な裏付け―つまり、欲しいものをを購入できるだけの資金がある需要のことと定義した。そして、この有効需要が国民所得(GDP)を決定するという主張が、有効需要の原理だ。

ケインズは、セイの法則は限られた条件下でしか成り立つことはなく、むしろ現実経済では「供給量は需要量によって決められる」と考えた。1929年に世界恐慌が起きたことで、セイの法則への懐疑が生まれ、有効需要の原理を根幹とするケインズ経済学が誕生した。

さまざまな経済思想

古典派経済学	自由な経済活動によって市場の活性化が経済を発展させるとし、国家による経済統制を最低限に抑えることを主張。アダム・スミスが大成。
新古典派経済学	市場では需給が一致するように価格が調整されるため、失業は発生しないとする。19世紀にアルフレッド・マーシャルが基礎を築いた。
マルクス経済学	ドイツの経済学者、カール・マルクスによる独自の経済学。労働者搾取の限界によって資本主義は崩壊すると主張。
ケインズ経済学	1940年代から1960年代にかけてマクロ経済学の主流となった経済学。新古典派経済学の自由放任主義を批判し、有効需要の原理を提唱。
新自由主義	1980年代にアメリカやイギリスの経済政策に影響を与えた市場原理主義経済学。ケインズ経済学を批判。

デュヴェルジェの法則

**選挙制度が小選挙区制の場合は
二大政党制が形成される傾向があるのに対し、
比例代表制の場合は
多党制が形成される傾向があるという法則。**

提唱者

モーリス・デュヴェルジェ（政治学者）

提唱年

1950～1960年代

フランスの政治学者モーリス・デュヴェルジェが提唱した経験則で、小選挙区制の下では二大政党制が、比例代表制の下では多党制が形成されるという法則。これは、1議席を争う小選挙区制では、少数政党は生き残りにくく、逆に得票率を元に議席を配分する比例代表制では、少数政党にも議席を獲得するチャンスが大きくなることによる。

この法則は、定数M人の単記非移譲式投票※の選挙区では、有力候補がM+1人に絞られやすいという「M+1法則」へと拡張されている。

※有権者は1人の候補者を選んで投票し、得票の多い順に所定の人数が当選者となる制度。

◀少数政党の支持者が他の二大政党に投票を変える傾向があることも、二大政党が形成されやすい要因の一つ。

例

●国政選挙（小選挙区制）

各政党の支持率が、与党A：40%、野党B：30%、野党C：15%のとき、野党BとCが協力して候補者を1人にすれば有利だが、それぞれ候補者を立てたため票割れが起きた。どの選挙区でも第三党である野党Cの候補者が当選する確率は低く、結果、二大政党となった。

パーキンソンの法則の第二法則

支出の額は、収入の額に達するまで膨張する。

提唱者

シリル・ノースコート・パーキンソン
（歴史学者、政治学者）

提唱年

1958年

「パーキンソンの法則の第一法則(P.68)」が仕事の量と時間の関係を示しているのに対し、「第二法則」は支出と収入の関係を示している。具体的には、「支出の額は収入の額に達するまで膨張する」というもので、第一法則と同じく、著書『パーキンソンの法則：進歩の追求』の中で提唱された。

当時のイギリスの国家財政は、税収が毎年増えているにも関わらず、毎年予算を使い切り、国民の税負担が増大していた。この状況からパーキンソンは第二法則を導いた。

パーキンソンの法則は、「人は何も対策しなければ、お金や時間を全て使ってしまう」ともいえる。

例

●収入と支出

毎月の収入が30万円の場合、その人の月の支出は30万円まで膨張する。

対策

●貯金の実現

収入30万円のうち、10万円を貯金したい場合、何も意識しなければ、全額使い切ってしまう。そのため、収入を得たら、まず最初に10万円を貯金する。そうすることで、20万円が使える収入となり、支出が膨張する範囲が20万円までとなり確実に貯金できるようになる。決まった期日まで引き出せない定期預金や積立預金がおすすめだ。

ハインリッヒの法則

**1件の重大事故の背後には、
重大事故に至らなかった29件の軽微な事故が隠れており、
さらにその背後には事故寸前だった300件の異常
（ヒヤリハット）が隠れているというもの。**

提唱者

ハーバート・ウィリアム・ハインリッヒ（保険会社社員）

提唱年

1931年

労働災害において、1つの重大事故の背後には29件の軽微な事故、300件の異常（ヒヤリハット）が存在するという法則。別名「1：29：300の法則」「ヒヤリハットの法則」とも呼ばれる。

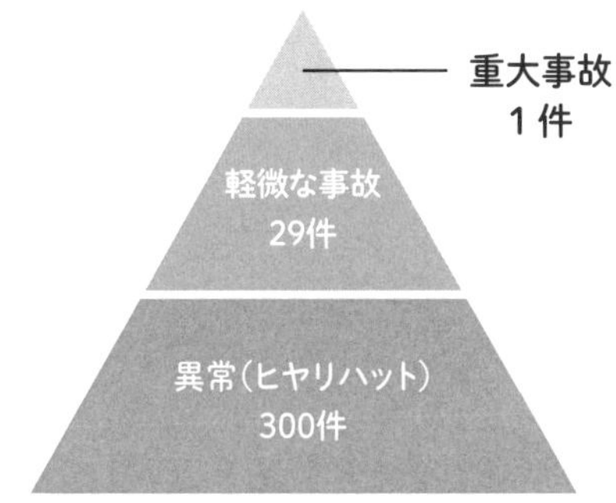

この法則は、アメリカの損害保険会社の技術・検査部門に勤務するハーバート・ウィリアム・ハインリッヒが傷害を伴った事故を中心に、約5000件にものぼる労働災害を調査し、1931年に発表した論文『災害防止の科学的研究』で提唱された。日本では、1951年の日本語訳版の出版以降、労働災害防止のバイブルとなり、製造や建設、医療など、深刻な事故が発生しやすい職場環境でよく用いられている。労働災害の95%は、安全ではない行為が原因であるとされる。

 ヒヤリハットとは

「ヒヤリとする」「ハッとする」という言葉から生まれた造語で、危ないことが起こったが、幸い災害には至らずに済んだことを指す。2000年以降、大事故を防ぐために必要な概念として広まった。

例

●仕事

建設現場で度々ヒヤリハット体験をしていたが、何も対策せずにいたら、29件の軽傷事故、1件の重傷事故につながった。

バードの法則

バードの法則とは、ハインリッヒの法則が提唱されてから40年後、フランク・バードがアメリカの21業種297社175万件の事故報告を分析し、導き出した法則。ハインリッヒの法則よりも調査件数が圧倒的に多い。この法則では、1件の重大事故の背景には10件の軽傷事故と30件の物損事故、そして600件のニアミスが存在するとされている。別名「1：10：30：600の法則」とも呼ばれる。

対策

重大な事故を防止するためには、ヒヤリハットの段階で対処していくことが必要だ。

●危険予知訓練

事故やヒヤリハットの要因で一番多いのは、予測不足によるものだ。職場に潜む危険要因を探し、起こりうる事象と解決方法を話し合い検討することで、従業員の危険意識の向上と問題解決能力の向上が期待できる。

●ヒヤリハットの共有

ヒヤリハット報告書（インシデントレポート）の作成を習慣化し、職場で共有することで、再び同様の状況が発生しないように事前に対策することができる。

●設備点検

装置や設備の点検不足が事故の原因となることも多い。「毎日点検しているし、問題ないだろう」という思い込みにより、適当に点検やチェックを済ませると、重大な事故に発展する可能性がある。チェックリストを使い、2人以上でダブルチェックを行うとよいだろう。

●人的要因の防止

寝不足や体調不良、長時間労働などで体の調子が万全でなければ、思わぬミスや事故につながりやすくなる。体調が優れないときは、無理せず休もう。また、休みやすい職場の環境づくりや人員配置も必要だ。

ゆでガエルの法則

**状況の変化が緩やかだと、
迫りくる危機になかなか気付けないこと。
変化が緩やかな状況において、
危機的状況に素早く気付き
対応することの難しさや重要性を表している。**

提唱者

グレゴリー・ベイトソン（人類学者）

提唱年

1950～1970年代

ゆでガエルとは、ゆっくりと進行する危機的状況に気が付かず、抜本的な対策を取ろうとしない状態を指す。「ゆでガエル現象」「ゆでガエル理論」とも呼ばれ、外部環境の変化を捉えることの難しさを示す例としてよく取り上げられる。

この法則は、19世紀のドイツの生理学者フリードリッヒ・ゴルツが行った脳を切除したカエルを用いた実験が発端と見られ、1950～1970年代に活躍したアメリカの人類学者、グレゴリー・ベイトソンの「通常、熱湯に放り込まれたカエルは驚いて逃げるが、常温の水から少しずつ温めていくと、カエルは水温の変化に気付かず、やがて熱湯の中で死ぬ」という寓話により広まった。しかし、現代の生理学の見地では、このような実験をすると、カエルはゆで上がる前に逃げ、また、熱湯に放り込んだ場合は逃げ出す間もなく死ぬとされている。

例

●会社

市況が変化しているにも関わらず、過去の成功体験から抜け出せずに従来通りの営業活動を行なっていたところ、経営が悪化した。

●気候変動

地球温暖化によって気温の上昇が続いているが、それが当たり前のものだと思い何も対策をしないと、気候変動による災害の頻発や干ばつによる食糧危機などが起き、人口が大きく減少する。

ゆでガエル実験の歴史と知見

1869年	フリードリッヒ・ゴルツが水温を毎分3.8℃上昇させ、脳を切除したカエルと正常なカエルを用いて観察。脳のないカエルは水温の上昇が知覚できずに熱湯で死亡したが、正常なカエルは水温が25℃まで上がると逃げ出そうとした。
1872年	ドイツの生物学者アルベルト・ハインツマンが毎分0.2℃水温を上昇させたところ、カエルは逃げさ出なかった。
1888年	アメリカの生物学者ウィリアム・T・セジウィックは、ゴルツの実験で正常なカエルが逃げ出そうとしたのは加熱速度が早かったためと指摘した。加熱速度が十分緩やかであれば、正常なカエルでも逃げ出さないと論じた。
1897年	アメリカの医師エドワード・W・スクリプチュアも、ウィリアム・T・セジウィックと同様に、加熱速度が緩やかであればカエルは逃げ出さないとした。
1950～1970年	グレゴリー・ベイトソンがゆでガエル実験の結果を寓話として用いた。
1995年	アメリカの生物学者ダグラス・メルトンは、カエルはゆで上がる前に逃げ出し、また、熱湯にカエルを放り込んだ場合は即死するとした。
2002年	動物学者のビクター・H・ハチソンは、「ゆでガエル」の逸話は完全に誤りと結論付けた。
現在	生物が死亡する臨界熱最大値は決まっており、水温が毎分1℃上昇するたびに、カエルは逃げ出そうと活発になり、最終的には逃げ出すとしている。

対策

現状維持を好む人や大事なタスクを後回しにしてしまう人、緩やかな変化に気付きにくい人は、ゆでガエル現象に陥りやすい。

●組織

危機的な状況を早期に捉えることが重要。業績は見える化し、社内で定期的に共有し、危機感を感じたら、早急に対処しよう。「忍耐強く辛抱する」という価値観や美徳は捨てる必要がある。

●仕事

一度習得したスキルやツールも、時代の変化とともにやがて通用しなくなる恐れがある。過去の栄光にすがったり、今までのやり方に固執したりするのはやめ、どんどんバージョンアップしていこう。

割れ窓理論

**1枚の割れた窓ガラスをそのままにしていると、
さらに何枚もの窓ガラスが割られ、
いずれ街全体が荒廃してしまうという理論。**

提唱者

**ジョージ・ケリング（犯罪学者）
ジェームズ・ウィルソン（政治学者）**

提唱年

1982年

割れた窓ガラスをそのままにしておくと、その建物は十分に管理されていないと思われ、やがて地域の治安が悪化し、犯罪が多発するようになるという犯罪理論で、「壊れ窓理論」「ブロークン・ウィンドウ理論」などとも呼ばれる。軽犯罪を取り締まることで、犯罪全般を抑止できるとされている。

「割れ窓理論」は、ジョージ・ケリングとジェームズ・ウィルソンが1982年に論文で提唱したが、それより前にこの理論に近い実証実験が行われている。一つは、1969年に社会心理学者のフィリップ・ジンバルドーが行った「匿名状態にある人間の行動特性の実験」で、もう一つはアメリカ警察財団による「警察職員の徒歩パトロール強化による犯罪抑止効果の実験」だ。これらの実験が基となり、窓割れ理論が誕生した。

1994年にニューヨーク市長に当選したルドルフ・ジュリアーニは、この理論を実践に移し、ニューヨークの治安回復に大きな成果を挙げたとされる。

フィリップ・ジンバルドーの実験

フィリップ・ジンバルドーは、人が匿名状態にあるときの行動特性を実験により検証した。まず、住宅街に乗用車を放置した。ナンバープレートを外し、ボンネットを開けたままにしたが、この状態では1週間何も起きなかった。次に、フロントガラスを割って車を放置してみると、バッテリーなど多くの部品が盗まれ、全てのガラスが割られ、スプレーの落書きで埋め尽くされていた。そして、最終的に車は完全に破壊されてしまった。

この実験から、ジンバルドーは、「人は匿名性が保証された状態に置かれると自己規制意識が低下し、結果、情緒的・衝動的・非合理的行動が現れる」と結論付けた。

例

●路上のごみ

路上のごみを放置している街は、ごみに関して誰も注意を払っていないという象徴となり、ごみが散乱している場所にポイ捨てすることに対して、心理的な抵抗感が弱くなる。そのため、さらにごみが捨てられるようになる。

対策

●遊園地・テーマパーク

汚れや傷が見つかったらその場ですぐに修繕し、園内を常にきれいに保つことで、来園者のごみのポイ捨て防止やマナーの向上に役立てる。

●会社

遅刻の常態化や物が散乱したデスクなど、小さな乱れを放置しないことが大切。職場全体にだらけた雰囲気がまん延する前に改善しよう。社員の意識が変わると、パフォーマンスの向上が見込める。

●学校

物への関心が薄れ、次第に人への関心が薄れると、学級崩壊が起きるといわれている。大人が手本を示し、花を育てるなど学校の美化に力を入れるとよいだろう。また、学校の規則を守れない生徒に対してはガミガミ叱責するのではなく、生徒の話に耳を傾けることが大切だ。

 割れ窓理論の批判

アメリカでは1990年代から、青少年の悪行のエスカレートを防止する目的で、割れ窓理論に依拠した「ゼロ・トレランス方式」と呼ばれる教育方針が取り入れられた。ゼロ・トレランス方式とは、学校の規則に違反した際に厳密に処分を行う方式のことで、事情がある場合でも例外は認められない。また、遅刻や無断欠席、宿題未提出などの比較的軽い問題行動でも罰せられる。

割れ窓理論が正しければ、ゼロ・トランス方式を採用した都市と、そうではない都市で犯罪発生率が変わるはずだが、実際には変わらなかったことから、割れ窓理論を批判する声が上がった。

また、2006年に、犯罪歴のある借家人をより秩序のある郊外に移転させた場合、犯罪を起こさなくなるのかという検証がされたが、借家人たちは以前と同じ確率で犯罪を起こし続けていたことが判明した。

相手の心を読む！

恋愛の法則

YESの法則

**何度も「イエス」と返事をしていると
次の質問にも「イエス」と答えやすくなってしまう法則。
行動・信念・態度などを
一貫させたいという人間の心理的傾向。**

提唱者

ロバート・チャルディーニ（社会心理学者）

提唱年

1984年

「YESの法則」は、何度も「イエス」と返事をしていると、その態度を一貫させようと次の質問にも「イエス」と答えてしまう法則で、「アグリーの法則」「YES取り」「YESセット」などとも呼ばれる。

この法則は、アメリカの社会心理学者ロバート・チャルディーニが1984年に出版した著書『影響力の武器：なぜ、人は動かされるのか』の中で提唱した、「チャルディーニの法則（人の行動に影響を及ぼす6つの要因とその法則）」の一つ、「コミットメントと一貫性」を活用したものだ。人は、自分の行動や発言、態度、信念などを一貫したいという心理があり、これを「一貫性の原理」と呼ぶ。チャルディーニは、相手に一貫した態度を取らせれば、最終的に「YES」を引き出しやすくなると説いている。

なお、レオナルド・ダ・ヴィンチが「最後に断るよりも最初から断る方が簡単だ」という言葉を残しているが、これは肯定する作業を繰り返すと、最後に否定的な対応を取るのが難しくなる心理を指している。

一貫性の原理

一貫性の原理とは、周りから高い評価を得たいがために、一貫した態度や発言をしたいと思う心理のこと。なぜ一度取った態度を取り続けるのかというと、過去の自分の間違いを認めたくない、矛盾する認知を抱えたくないという思いが根底にあるからだ。

【例】

- 買い続けているマンガが面白くないと感じても、新刊が出るとつい買ってしまう
- 映画が途中で面白くないと感じても、最後まで見てしまう

ビジネス
社会・経済
恋愛
経験・あるある
自己実現
人生・哲学
コンピューター・インターネット
生物
数学・工学
医学

活用

5回以上の「イエス」を引き出せば、最終的な質問も「イエス」を引き出しやすくなるといわれているが、本命の要求と無関係の質問から得た「イエス」ではあまり意味がない。最初は誰でも「イエス」が返ってくる質問をし、徐々に核心に迫る質問に変えていく必要がある。また、質問する際は大人数だと周りに邪魔されたり、「ノー」を言われたりする可能性があるので、少人数のときに試してみよう。

●恋愛

①「最近、暑い日が続きますね」→「本当に暑いですよね」

②「暑いと冷たいものが食べたくなりますよね」→「食べたくなりますね」

③「ジェラートなんか良いですね」→「おいしいですよね」

④「ピスタチオとかストロベリーとか、いろいろな味があって、つい迷ってしまいますよね」→「どれも食べたいですよね」

⑤「そういえば、近くにおいしいジェラート屋さんがあるので、一緒に食べに行きませんか？」→「はい、いいですよ」

●不動産営業

①「ご家族構成は、ご夫婦とお子さま2人でお間違いないでしょうか」→「はい」

②「物件は収納が充実している方がよろしいですよね」→「そうですね」

③「収納が充実していると、リビングがきれいに保てますからね」→「はい、リビングをすっきりさせたくて」

④「家族が増えると、物も増えてリビングに置かざるを得ないですよね」→「ええ、今は子どものおもちゃが片付かなくて困っているんです」

⑤「そうですか。実は先日、収納たっぷりの物件が公開されたのですが、内見だけでもしませんか」→「はい、お願いします」

●子育て

恋愛やマーケティングのほか、子育てにも応用できる。例えば、お風呂に入りたがらない子どもの場合は、下記の会話例を参考に促すとよい。また、次回以降もスムーズに行動してもらえるように、入浴後に「お風呂は気持ちいい場所」という肯定的なイメージを与えておこう。

①「今日はたくさん遊んで楽しかったね」→「うん、楽しかった」

②「でも身体にばい菌がたくさん付いちゃったね」→「うん」

③「ばい菌を落とさないと、風邪をひいちゃうね」→「うん」

④「お風呂できれいに洗って、ばい菌を落とそうね」→「うん」

⑤入浴後「お風呂に入ると、すっきりして気持ちがいいね」→「気持ちいいね」

アロンソンの不貞の法則

**よく知っている相手からの褒め言葉よりも、
よく知らない相手からの褒め言葉の方が
うれしいと感じる心理現象。**

提唱者

エリオット・アロンソン（社会心理学者）

提唱年

1965年

人は誰でも「誰かに認められたい」という承認欲求を持っているが、家族や親しい友人に褒められるより、知り合ったばかりの人に褒められる方がうれしく感じる。この心理現象は、認知バイアスの一種で、アメリカの社会心理学者エリオット・アロンソンが1965年に発見した。

「アロンソンの不貞の法則」が働く背景には、内輪の人間を優遇する心理傾向――いわゆる「内集団バイアス」が関係している。例えば、親しい人からの褒め言葉は身内びいきによる誇張された意見だと感じて素直に受け取ることができず、場合によっては何か裏があるのではないかと勘ぐってしまうことがある。しかし、よく知らない相手からの場合は客観的な意見だと感じ、第三者に認められたと捉えるため、承認欲求が大きく満たされるのだ。さらに、よく知らない人からの褒め言葉は新鮮味や驚きも加わり、特別感を感じやすくなる。

内集団バイアスとは

自分が属する集団の者に対し、肯定的な評価をしたり、好意的な態度を取ったりする心理傾向のことで、「身内びいき」とも呼ぶ。内集団バイアスがあることを知っているからこそ、よく知らない相手からの褒め言葉の方がうれしく感じる。また、自分自身で内集団バイアスをする人ほど、アロンソンの不貞の法則が働きやすい。

人は自分を認めてくれる相手に好感を抱きやすく、恋愛はもちろん、人間関係の構築において、この法則はさまざまなシーンで活用できる。しかし、セールスや勧誘など、利害関係があったり何かしらの交渉相手である場合は、この法則は働きにくくなる。

例

●恋愛

友人関係の長い異性に容姿を褒められるよりも、知り合ったばかりの異性に容姿を褒められる方がうれしい。

●会社

同じ部署の同僚に仕事を褒められるよりも、他部署のあまり話したことのない人に仕事を褒められる方がうれしい。

活用

友人関係の長い男女が恋愛に発展しにくいのも、この法則が働いているため。恋愛において、スムーズに発展させるには、初対面や出会って間もないタイミングで、相手の承認欲求を満たすことが重要だ。

●恋愛

相手が努力していることや、気に入っていると思われることを褒めよう。大げさに褒めると不自然なため、さりげなく褒めるのがコツだ。どうしても褒めるのが苦手という場合は、メールなどを使って褒めるのもよいだろう。

さまざまな認知バイアス

内集団バイアス	自分が属する集団の者に対し、肯定的に評価したり、好意的な態度を取ったりする心理現象。
外集団バイアス	外の集団の者に対し、能力を低く評価したり、敵対視したりする心理現象。
正常性バイアス	自分にとって都合の悪い情報を無視し、「自分は大丈夫」と認識してしまうこと。
後知恵バイアス	物事が起きてから、それが予測可能だったと考える傾向。
生存者バイアス	失敗事例を顧みず、成功事例だけに注目して偏ったデータで判断をすること。
ハロー効果	ある対象を評価する際、一部の特徴に引きずられて全体を評価してしまう現象。
自己奉仕バイアス	成功は自分の能力によるものだが、失敗は自分にはどうにもできない要因によって起きたと考える傾向。
確証バイアス	自分が持っている先入観を肯定するため、自分にとって都合の良い情報ばかりを集める傾向。
信念バイアス	結果が良ければそれまでの過程も正しかったと考え、反対に結果が悪ければ過程に問題があったと考える傾向。
情報バイアス	明らかに不要な情報であっても、必要と思い込み集めてしまうこと。
外部誘因バイアス	自分の行動の動機は純粋だが、他人の行動の動機は不純であると考える傾向。

ウィンザーの法則

**情報元と何の利害関係もない第三者による情報は
高い信憑性を獲得しやすいという現象。
第三者の意見として褒め言葉を伝えると説得力が高まる。**

提唱者

アーリーン・ロマノネス（作家）

提唱年

1991年

「ウィンザーの法則」とは、第三者が発信した情報は信頼しやすいという心理的傾向のこと。「ウィンザー効果」とも呼ばれ、アメリカの作家アーリーン・ロマノネスによるミステリー小説『伯爵夫人はスパイ』の作中で、ウィンザー伯爵夫人が「第三者の褒め言葉がどんなときにも一番効果があるのよ、忘れないでね」と言ったことに由来するといわれている。

例えば、「私は性格が良くて、みんなから好かれています」と自分のことを言っている人がいる場合、その言葉をうのみにする人は少なく、むしろ不信感を抱く人もいるのではないだろうか。しかし、第三者が「あの人は性格が良くて、みんなから好かれているよ」と言っていたらどうだろうか。恐らく、多くの人がその言葉を受け入れるだろう。

ウィンザーの法則は、人間関係のほか、マーケティングでも活用される。なお、この法則が働くためには、情報発信者が、情報元の人や物とは何の利害関係もない純粋な第三者でなければならない。

例

●恋愛

友人から「Aさんが、あなたのこと優しくて笑顔がすてきって言ってたよ」と言われ、Aさんのことを意識するようになった。

●会社

課長から「期待している」と言われたときは、気を使われているのかと思ったが、後日先輩から「課長はあなたのことを期待しているみたいだよ」と言われときは、その言葉を素直に受け取り、非常にうれしく感じた。

活用

気になる人に意識してもらいたいが、あからさまに好意を示すのは気が引ける。どうアプローチすればよいのか分からない。そういった場合にウィンザーの法則は最適だ。共通の友人にあなたの長所や気持ちをアピールしてもらうことで、気になる相手に意識してもらうことが期待できる。ただし、協力してもらう友人の人選を間違えると、不特定多数の人に言いふらされてしまう可能性があるので要注意。

●恋愛

まずは、友人にあなた(=Bさん)の長所を相手に伝えてもらおう。「この間、Bさんがご飯を作ってくれたんだけど、すごく料理上手でおいしかったんだ」といった具合だ。これだけでは、ふーんと流されてしまう可能性もあるので、もっと意識してもらうには別のタイミングで、「Bさんがあなたのことかっこいいって言ってたよ」などと、相手への褒め言葉を伝えてもらうとよい。

悪い評価もウィンザーの法則が発生する

ウィンザーの法則は、良い評価だけでなく、悪口などネガティブな評価についても効果を発揮する。例えば、「Cさんって○○だよね」とネガティブな言葉を軽い気持ちで誰かに言った場合、それが本人に伝わり深刻に受け止められる可能性がある。言われた方としてみれば、その言葉がどんな状況やテンションで言った言葉なのかは分からないため、ノリや冗談でも悪口は言わないようにしよう。また、もし誰かが人の悪口を言っていたとしても、決して本人には伝えないこと。

対策

ある製品の魅力を自社がアピールした場合と、ユーザーが良い口コミやレビューを発信した場合では、後者の方が顧客の購買欲求に大きな影響を与える。しかし、このウィンザーの法則を悪用し、業者が一般消費者に成り済ましたレビューや、販売側とは無縁を装ったインフルエンサーによるSNSでの宣伝――いわゆる「ステマ（ステルスマーケティング）」には十分注意したい。

●なりすましタイプ

レビューサイトなどで、業者が一般消費者になりすまして口コミや評価を書くタイプ。投稿者の情報を見ると、開設して間もないアカウントの可能性が高く、他のレビューの投稿が少ない場合が多い。

●第三者によるステマ

社会的に影響力のある芸能人やインフルエンサーに報酬を渡し、宣伝を依頼するタイプ。一般消費者からのレビューが少なく、インフルエンサーのレビューばかり出てくる場合は要注意だ。

2023年10月より、ステマは景品表示法に基づく規制対象となる不当表示に指定された。しかし、ステマが完全になくなったわけではなく、法の抜け穴をついたステマも存在しているのが現状だ。複数のレビューやサイトを比較したり、家族や友人など、実際にその商品やサービスを利用した人の声を参考するようにしよう。

ゲイン・ロス効果

**一貫した評価を受けるよりも、
途中で評価が逆転する方が
人の心理に与える影響がより大きくなる現象。**

提唱者

**エリオット・アロンソン（社会心理学者）
ダーウィン・リンダー（社会心理学者）**

提唱年

1965年

「ゲイン・ロス効果」における「ゲイン」とはポジティブな評価、「ロス」はネガティブな評価のことを指す。ゲイン効果とは、初めはネガティブな評価を受けていたのが、後にポジティブな評価に転じると、より良い印象を相手に与えるというもの。いわゆる「ギャップ萌え」は、このゲイン効果が働いた状態であり、ギャップが大きいほど、相手に好印象を与えることができる。

一方、ロス効果は、初めはポジティブな評価を受けていたのが、後にネガティブな評価に転じ、最初から最後までネガティブな印象だったときよりも、悪い印象を与える現象のこと。

提唱したのは、「アロンソンの不貞の法則(P.166)」でも知られる心理学者のエリオット・アロンソンとダーウィン・リンダーで、ゲイン効果とロス効果を合わせて、ゲイン・ロス効果と呼ぶ。

なお、ゲイン・ロス効果が働くためには、同系統で変化を与える必要がある。例えば、「怖い→優しい」といった変化は同系統だが、「不誠実→楽器が得意」といった変化は違う系統の印象なので、ゲイン効果にはならない。

アロンソンとリンダーによる実験

アロンソンとリンダーの二人が行った実験は、被験者の女子学生が評価者の男子学生と面談を行い、その後に被験者が評価を聞かされるというもの。評価者は仕掛け人で、次の4パターンで被験者を評価した。

①肯定条件：最初から最後まで高評価
②否定条件：最初から最後まで低評価
③ゲイン条件：前半は低評価だが後半は高評価
④ロス条件：前半は高評価だが後半は低評価

面談後、女子学生に男子学生に対する印象や好感度を調査したところ、最も好印象に感じたのは③で、続いて①、②、④の順になった。

この実験から、最初から最後まで肯定的な印象を与えるよりも、最初に否定的な印象を与えたうえで、後に肯定的な印象を与える方が好感度が増すことが明らかになった。

●不良（ゲイン効果）

普段は素行の悪い不良が子どもや動物に優しく接しているのを見て、他の人よりも優しい人だと感じ、好感度が大幅に上がった。

●芸能人（ロス効果）

愛妻家として知られる芸能人の不倫が発覚し、その人のことが大嫌いになった。

活用

ゲイン・ロス効果は、恋愛や人間関係だけでなく、ビジネスにも活用できる。ただし、心理学者のアッシュの研究で、初頭効果というものが明らかになっている。これは、最初に形成された印象は、後の情報に影響するというもの。そのため、最初の印象と振り幅が大き過ぎると相手に違和感を与えてしまうので気を付けよう。

●恋愛

普段、気になる相手と学校や会社など大人数で会っている場合、二人で会うときだけ見た目の印象を変えると、ゲイン効果が期待できる。例えば、メガネをかけている人はコンタクトレンズに変えてみたり、派手な服ばかり着ている人はシックな服装に変えてみるなどするとよいだろう。

●営業

最初は自分のスキルや知識を隠して、少し頼りない印象を与えた上で、徐々に自分の知識を活用してコミュニケーションを取ると、相手に好感を持ってもらえる。「能ある鷹は爪を隠す」といわれるように、能力のある人はそれを無駄にひけらかす必要はない。

●仕事

社内の評価が低い場合は、評価を逆転させるチャンスと捉えよう。成功することで大きく評価され、これまでの印象は薄まるだろう。

ザイアンスの法則

人や物、サービスに何度も触れることで
警戒心が薄れていき、
関心や好意を持ちやすくなるという心理的な効果。

提唱者

ロバート・ザイアンス（社会心理学者）

提唱年

1968年

「ザイアンスの法則」とは、接触する回数が増えるほど、親しみや親近感を感じるようになる効果のことで、「ザイアンス効果」「単純接触効果」とも呼ばれる。1968年にアメリカの心理学者ロバート・ザイアンスによって提唱され、社会心理学の分野で研究が進められてきた。

この効果が生じるメカニズムは、「知覚的流暢性誤帰属」という説が有力だ。具体的には、人は、見たことのないものに出会うと、脳がその都度情報処理を行うが、見慣れたものの場合は認識する労力がかからなくなるので、好意が高まるのではないかとみられている。

なお、ザイアンスの法則が発揮されるのは、対象となる人や物に対し、好き嫌いなど偏った評価を持っていないことが前提となる。また、効果にはリミットがあり、好感度が上がるのは10回までといわれている。

ザイアンスによる実験

ザイアンスは、トルコ語を知らないアメリカ人の被験者72人に「IKTITAF」というトルコ語を発音させ、「IKTITAF」とはどういう意味なのかを尋ねた。ポイントとなるのは、被験者によって「IKTITAF」の発音回数が異なることで、少ない人は5回、多い人は25回発音するように仕組まれていた。すると、たくさん発音した人ほど、「IKTITAF」は良い意味の単語だと答え、繰り返し読み上げた単語には好印象を持つことが分かった。

また、大学生を対象に卒業アルバムから選んだ12枚の顔写真をランダムに見せ、その顔に対する好感度の調査を行った。その結果、単純接触の効果が大きかった顔もあれば、ほとんど効果のなかった顔もあった。これは、単純接触の効果とは別に、写真の人物の魅力や、被験者の好みも関係したためとされる。

例

●恋愛

職場の休憩所やランチなどで、度々同じタイミングになる人がいて、気になるようになった。

●商品

スーパーでどの商品を買うか迷ったとき、CMで何度も見たことのある商品があったので、良い商品だと思い、それを選んだ。

●保育園

入園して間もないころは毎日泣いていたが、保育士や友人、おもちゃや絵本などと触れ合ううちに、楽しく通園できるようになった。

活用

ザイアンスの法則において重要なのは回数だ。1秒に満たない無意識下での接触においても効果は現れるため、あまり接触時間を気にする必要はない。

●恋愛

相手の視界に入るような行動をしたり、実際に会ったり、電話やメールなどでやり取りをして自分の存在を相手に意識させるとよい。SNSのアイコンを自分の顔写真にするのも効果的だ。

●広告

広告に3回触れるとブランドを認知するようになり（スリーヒッツ理論）、広告に7回触れた消費者は、その商品を店頭で購入する可能性が高いといわれている（セブンヒッツ理論）。

対策

●国際ロマンス詐欺

ザイアンスの法則は、SNSなどで頻繁にやり取りをして好意を抱かせる、国際ロマンス詐欺などに悪用される。知らない人から突然メッセージが来たら要注意だ。

●連れ去り

頻繁に子どもに話しかけ、親しくなった風を装って子どもに近付く、誘拐・連れ去りには要注意。よく見かける人だからといって、安心できる相手とは限らない。親子で一緒に防犯意識を高めよう。

ツァイガルニク効果

**達成できなかったことや中断していることの方が、
達成したことや完了したことよりも
人の記憶に強く残るという心理的現象のこと。**

提唱者

**ブリューマ・ツァイガルニク（社会心理学者）
クルト・レヴィン（社会心理学者）**

提唱年

1927年

「ツァイガルニク効果」とは、達成できたことよりも達成できないことや中断していることの方がよく覚えているという心理的現象のこと。人は、何らかの欲求が未完了の場合は緊張感が持続しやすいが、達成されると緊張感が解消する。この緊張感は、脳の記憶へのアクセスをスムーズにさせる作用があり、適度な緊張感があるときほど強い記憶が残りやすくなる。

この効果は、ソ連の心理学者ブリューマ・ツァイガルニクと彼女の教授クルト・レヴィンが訪れた飲食店での発見がきっかけとなった。二人は、ウェイターがまだ提供していない注文をよく覚えていることに感心したが、提供後は注文の詳細をうまく思い出せないことに気付いた。ツァイガルニクはこの現象のプロセスを解明するため研究し、1927年にツァイガルニク効果に関する論文を発表した。

例

●恋愛

学生時代にかなわなかった恋が忘れられず、その人のことをよく覚えている。

●試験

試験後、解答できた問題のことはうまく思い出せないが、解けなかった問題のことはよく覚えており、答えが気になる。

●ドラマ

連続ドラマを見ているときは話の続きが気になって仕方ないが、最終回まで見終わるとドラマの細かな内容を忘れてしまう。

活用

●恋愛

自分の情報を小出しにすると、あなたの情報が未完成という状況になり、ツァイガルニク効果が期待できる。自分の話ばかりするのではなく、なるべく相手の話を聞こう。また、食事やデートを早めの時間で切り上げることもおすすめ。

●勉強

休憩なしで勉強し続ける学生よりも、勉強を中断してほかの活動をする学生の方が、内容をよく覚えていることが示唆されている。おすすめの休憩方法は、外の空気を吸ったり、軽く体を動かしたりすること。

●広告

ストーリー仕立てのテレビCMなどで多用される「続きはウェブで」という手法。その場で情報を全て公開しないことで、視聴者の記憶によく残り、期待感を高めている。

オヴシアンキーナー効果

よく似たものに「オヴシアンキーナー効果」がある。ツァイガルニク効果は、未完了のタスクに対する強い記憶と緊張感を強調した心理的現象だが、オヴシアンキーナー効果は、この緊張感が継続したその後の行動をさらに深く掘り下げたもので、未完成で中断したタスクを再開したくなってしまう効果のこと。ツァイガルニクの同僚のマリア・オヴシアンキーナーが提唱した。

後回しにしがちな課題や仕事も、わずか1分でも着手すれば、また作業をしようという強い動機付けになる。

クリフハンガー効果

ツァイガルニク効果の応用として、オヴシアンキーナー効果のほかに「クリフハンガー効果」と呼ばれるものがある。クリフハンガー効果とは、映画の宣伝や連続ドラマ、連載マンガなどでよく活用される作劇手法の一つで、クリフハンガーは「崖にぶら下がるもの」を意味する。

例えば、海外ドラマでは、次のシーズンが始まるまで視聴者の興味を引き付けておくために、最終話で主人公が絶体絶命になったり、恋人が意識不明になったりするなど、視聴者に「そこで終わるの？」と思わせるような展開が多い。しかし、作品が打ち切られてしまい、次回作がなければ、後味の悪い終わり方となるリスクもある。

ピーク・エンドの法則

人はある出来事に対し、
感情が最も高まったときの印象と、
最後の印象だけで全体的な印象を判断するという法則。

提唱者

ダニエル・カーネマン（心理学者、行動経済学者）

提唱年

1999年

「ピーク・エンドの法則」とは、ある経験や出来事を総括する際、感情が最も高まったとき（ピーク）と、一連の出来事の終わり方（エンド）が印象を左右する傾向のこと。ピークでもエンドでもない出来事は、全体的な印象にほとんど影響を及ぼさない。心理学者のダニエル・カーネマンが1999年に発表した論文の中で提唱した。

この法則は、「持続時間の無視」というメカニズムによって成り立っている。これは、快楽や苦痛の記憶において、持続時間は重要ではなく、瞬間で評価するというもの。人の記憶に残るのは、時間は短くとも刺激の強い出来事であり、刺激の持続時間が長い出来事ではないのだ。

物事は発端や過程よりも最後の締めくくりが大切であることを意味する「終わりよければ全てよし」は、日常でよく使われることわざだが、実は、この考え方はピーク・エンドの法則に基づいている。

例

●恋愛

恋人の仕事が忙しく、数時間しか会えなかったが、レストランで食事をし、別れ際にプレゼントまでもらって幸せに感じた。

●離婚

楽しい時間もあったが言い争いが絶えず、最終的には離婚をしたので、結婚生活は最悪だった。

●遊園地・テーマパーク

アトラクションの行列に長時間並ぶのは苦痛だったが、アトラクションに乗り終えた後は待ち時間のことを忘れ、大満足だった。

ダニエル・カーネマンによる実験

ダニエル・カーネマンは、医師のドナルド・レデルマイヤーに協力してもらい、苦痛の記憶に関する実験を行った。この実験では、大腸内視鏡検査を受ける患者に、時間の経過とともに苦痛の強さを10段階で評価してもらった。次の図は、検査時間8分の患者Aと検査時間24分の患者Bの比較だ。

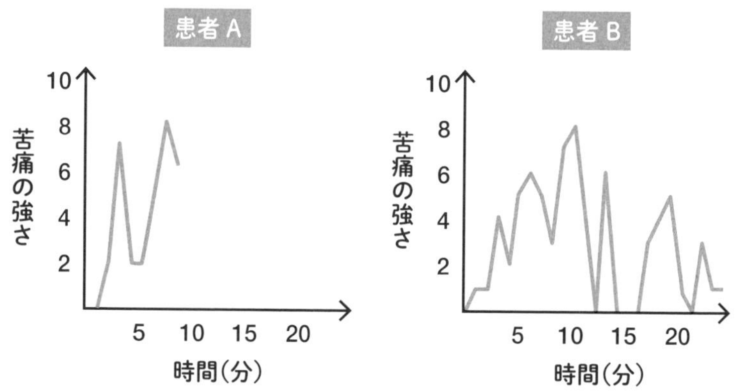

検査後、記憶に基づいて全体としての痛みはどれくらいだったか、改めて評価してもらったところ、より苦痛だったと答えたのは患者Aだった。患者Bは検査時間が長かった分、苦痛の総量は大きくなりそうだが、患者Aは終了時に強い苦痛を経験したまま検査を終了したため、患者Bよりも強い苦痛が記憶に残ったのだ。

活用

●恋愛

デート中にハプニングがあったとしても、ポジティブなピークとエンドがあれば、帳消しにできる。特に、エンドはコントロールしやすいので、別れ際に相手を気遣ったり、笑顔であいさつするなどし、相手に良い印象を残せるように振る舞おう。

●営業・プレゼンテーション

デメリットを最後に伝えると、その部分だけが強く印象付けられてしまう。デメリットは最初に説明し、そこからメリットの説明をすると、相手に好印象を与えることが可能だ。

●サービス業

有名旅館が宿泊客をスタッフ総出で見送るのは、宿泊客の高揚感を高め、高い満足感を与えてリピートへとつなげるためだ。スタッフ総出とまではいかなくても、顧客への丁寧な見送りは、飲食店や美容院など、さまざまなサービス業で活用できる。

●日記

ピーク・エンドの法則は、自分自身に活用することも可能だ。例えば、寝る前に一日を振り返り、楽しかったことや幸せに感じたことなど、ポジティブなことのみをノートに書き出してみよう。一日の中で嫌なことがあったとしても、ポジティブな感情を思い出して書き連ねることで、良い一日だったと思えるはずだ。

返報性の原理

相手から何かを受け取ったときに、
「こちらも何かお返しをしたい」
という気持ちになる心理効果。

提唱者

ロバート・チャルディーニ（社会心理学者）

提唱年

1984年

人は、誰かに何かをしてもらったり、物をもらったりすると、お返しをしなければならないという気持ちになる。これは「返報性（へんぽうせい）の原理」が働くためで、返報性の原理とは、他人が自分にしてくれた行いに報いようとする心理のことだ。

返報性は、以下の4つに分類することができる。

返報性の 4 分類	
好意の返報性	相手から好意を受け取ったときに、お礼やお返しなど好意を返したくなること。
敵意の返報性	敵意を向けてくる相手に対して、自分も敵意を向けたくなること。
譲歩の返報性	相手が譲歩してくれたので、次は自分が譲歩しようという気持ちになること。
自己開示の返報性	相手が本心やプライベートなことを開示をしてくれたときに、自分も相応の秘密を開示しなければいけない気持ちになること。

デニス・リーガンによる実験

返報性の原理を実証した実験は数多くあるが、中でも有名なのが、アメリカの心理学者デニス・リーガンによって行われた実験だ。

この実験は、被験者の学生に美術作品の評価をするという偽の課題を与え、休憩時間に仕掛け人の助手が被験者に「コーラをあげる場合」と「何も渡さない場合」がランダムで発生する。課題の後、被験者は助手から「くじ付きのチケットを買ってほしい」と頼まれるが、差し入れの有無によって購入するチケットの枚数が変化するかを観察した。

結果、助手からコーラをもらっていた被験者は、何ももらわなかった被験者の2倍の枚数のチケットを買っていた。

例

●バレンタインデー・ホワイトデー

バレンタインデーにチョコレートをもらったので、もらいっぱなしでいるわけにはいかず、ホワイトデーにクッキーをお返しした。

●SNS

SNSで友人からたくさん「いいね」をもらったので、自分も相手の投稿に「いいね」を押した。

●試食

スーパーマーケットでアイスクリームの試食をしたところ、食べたら買わないと申し訳ないという気持ちになり、購入した。この場合、返報性の原理のほか、試食を受け入れたという自身の行動の一貫性を保ちたいがために購入するという、「一貫性の原理(P.163)」も働いている。

活用

見返りを求めすぎると相手に見透かされ、返報性の原理が働きにくくなる可能性がある。また、お互いの関係性に見合わない非常に高価な食事やプレゼントは、相手が警戒してしまうので要注意だ。

●恋愛

気になる相手と距離を縮めるには、好意の返報性を活用しよう。相手のことを褒めたり、お土産やプレゼントを渡すなど、好意を伝えていくことが重要。お互いの関係性が浅いときほど効果的だ。

●営業・マーケティング

ノベルティグッズや無料サンプル・試供品は、返報性の原理を活用したもの。ターゲットとなる消費者に直接渡すほか、消費者が連れている子どもにおもちゃやお菓子などを渡すのも有効だ。

ドア・イン・ザ・フェイス

返報性の原理を応用したものに、「ドア・イン・ザ・フェイス（譲歩的依頼法）」と呼ばれる行動心理学のテクニックがある。これは、最初に大きな要求をして断られた後に、本命の小さな要求をすると承諾してもらいやすくなるというもので、断ったときの申し訳ないという感情を利用している。

例えば、気になる相手と二人で食事をしたい場合は、まず最初に「休日、デートしない？」と大きな要求をする。そこで断られたら、がっかりした表情を見せ、「じゃあ、平日にランチでもどう？」と小さな要求に変更する。すると、相手に譲歩の返報性が働き、了承を得やすくなるのだ。最初の大きな要求は断られるのが前提なので、「了承してくれたらラッキー」程度に考えておこう。

対策

返報性の原理が働く中での意思決定は、誤った選択をしてしまう可能性がある。「ただより高いものはない」という言葉があるが、無料体験や無料サンプルにつられて、結果的に不要な契約を結び、後悔するのはよくある話。相手から搾取されないようにするには、打算的な好意を見抜き、最初から拒否する勇気が必要だ。

ボッサードの法則

**男女間の物理的な距離が近ければ近いほど、
心理的な距離は縮まるというもの。**

提唱者

ジェームズ・ボッサード（心理学者）

提唱年

1932年

アメリカの心理学者のジェームズ・ボッサードが1932年に発表した法則で、物理的な距離が近いと、心理的な距離も近付きやすいというもの。

ボッサードは、フィラデルフィア在住の婚約中の5000組のカップルに対し、それぞれどこに住んでいるのか、そして結婚に至ったかどうかを調査した。すると、33%のカップルが5ブロック以内に住み、そのうち12%が同棲をしていたことが分かった。また、お互いの家が近ければ近いほど結婚に至った割合が高かった。逆に、お互いの家が遠くなればなるほど、別れた割合が増えるという結果になった。

恋人が近くに住んでいるということは、会いたいときにすぐに会うことができ、二人の関係を発展・長続きさせるのにかなり有利であるといえる。また、「ザイアンスの法則(P.178)」により、人は接触する回数が増えると、相手に好意を抱きやすくなる。そのため、近くにいる人ほど親密になりやすい。

遠距離恋愛が難しい理由

遠距離恋愛が難しい理由は、「社会的交換理論」で説明することができる。社会的交換理論とは、対人関係をコストと報酬の交換と考える理論のことで、交換が成り立たない関係はうまくいかないとされる。

遠距離恋愛では、恋人に会うために必要な交通費、移動時間や労力といったコストが大きくなるため、その対価——相手からの愛情や二人で過ごす時間の幸福度も大きくならなければいけないと考える。そのため、ささいなけんかや行き違いなどが起きると、恋人に会うためのさまざまなコストを大きな負担に感じてしまうようになる。

遠距離恋愛を続かせるには、お互いに大きな報酬をもたらさなければならないのだ。

例

●恋愛

恋人と遠距離恋愛をしていたときは、結婚の話はほとんど出なかったが、引っ越ししてお互い近くに住むようになってからは、結婚の話がトントン拍子に進んだ。

●学校

席替えで隣の席になった異性と毎日顔を見合わせるうちに、その人のことが気になるようになった。

●就職

仲の良い同級生が地方に就職し、最初は連絡を取り合っていたが、いつの間にか連絡を取らなくなってしまった。

●会社

リモートワークをやめ、オフィスで仕事をするようしたところ、社員同士の距離が縮まり、コミュニケーションが円滑に取れるようになった。

活用

近い距離ほど親密になりやすいとはいえ、恋人同士でもないのに急に距離を詰めると相手は警戒するので要注意。無理に近付くと、嫌われる原因にもなりかねない。

●恋愛

気になる人と大人数で会うときは、できるだけ近くにいるようにしよう。相手があなたのことを意識してくれるきっかけになるかもしれない。

●遠距離恋愛

物理的な距離がある場合は、SNSやメール、電話などを使い、こまめに連絡を取ることが大事。頻繁にやり取りをすることで、心理的距離を縮めることができる。

パーソナルスペース

パーソナルスペースとは、他者が自分に近付くことを許せる限界の範囲、つまり心理的な縄張りのことを指す。 この空間は個人差があり、45cm以下は親子や恋人など非常に親しい間柄のみが許され、友人とは45～120cm、職場の同僚や取り引き相手などは120～360cmが適切な距離といわれている。

もし、相手のパーソナルスペース（45cm以下）に入ることができれば、相手はあなたに対して安心感や信頼を抱いている可能性が高く、相手との距離を縮めることが可能かもしれない。

類似性の法則

自分と外見や性格が似ていたり、共通点が多いと、
親近感を持ち、好感を抱きやすいという心理効果。

提唱者

ドン・バーン（心理学者）
ドン・ネルソン（心理学者）

提唱年

1961年

「類似性」とは、他者と自分の間において、性格や態度、価値観、興味などが似ている度合いのことで、人は類似性の高い相手に対して魅力を感じ、好感を抱きやすいという心理傾向を「類似性の法則」と呼ぶ。

これまで、類似性と好意度との関連性を指摘する数多くの研究が行われてきたが、もともとは社会心理学者のセオドア・ニューカムが1961年に行った実験に始まり、その後、テキサス大学教授のドン・バーンとドン・ネルソンによって類似性の法則が提唱された。バーンによると、類似性の法則が働く理由は、他者の同意や一致によって自分は正しいと感じる心理的傾向（合意的妥当性）が働くためと説明している。また、類似性の高い相手とは、お互いの理解が容易なため、衝突が少ないとも述べている。

類似性の低い相手は、自分の振る舞いや意見を否定されたような気持ちになるが、類似性の高い人の存在は、自分を認めてくれて肯定されたような気分になるので、一緒にいると安心感や心地よさを感じやすい。

相補性（そうほせい）の法則

「相補性」とは、相手と自分の性格や興味などは異なるが、補える関係にあることを指す。「相補性の法則」を提唱したのは、アメリカの社会学者R・F・ウィンチで、人は自分にはない特性を持っている相手に引かれると唱えた。気の強い人と弱い人、おしゃべりな人と無口な人、論理的な人と直感で行動する人などといった組み合わせは、相補性の法則が働いている可能性が高い。

類似性と相補性は、一見すると矛盾する考えだが、この二つが人の好き嫌いを分けるといわれている。

例

●夫婦

価値観や趣味がよく合う人と結婚したところ、周りから「似た者夫婦」といわれる。

●大学

上京したばかりで不安だったが、ガイダンスで同じ出身地の人と知り合い、すぐに仲良くなった。

シンクロニー現象とミラーリング効果

カップルや夫婦などの言動が似てくることを「シンクロニー現象」と呼び、人は類似性だけでなく行動のタイミングが合う相手も好きになりやすい。シンクロニー現象が起こるのは、無意識にお互いを受け入れているからで、家族や親しい友人の口癖や話し方が移ってしまうのもこの現象によるもの。

好きな相手に自分を意識してもらうには、シンクロニー現象の効果を狙った「ミラーリング」と呼ばれるテクニックが有効だ。ミラーリングとは、相手が飲み物を飲むタイミングで自分も飲み物を飲んだり、相手が足を組むタイミングで同じように足を組んだり、相手の仕草や行動をまねすること。行動が一致すると、相手はあなたと気が合うと感じる。ミラーリングをする際は、あくまで自然にまねをし、わざとらしくならないように気を付けよう。

なお、嫌いな人とは、どんなに長い時間一緒にいても、シンクロニー現象は起こらないといわれている。

活用

基本は相手に合わせることだが、無理して相手に合わせてばかりいると疲弊してしまうので、自身が楽しむことを前提として、類似性の法則を活用しよう。

●ファッション

気になる相手とファッションの系統を合わせよう。相手がカジュアルな服が多いならカジュアルに、モードな服をよく着ているのであればモードな格好を意識してみよう。

●会話

出身や家族構成、趣味や誕生日など、相手と自分の共通点を探し、アピールするとよい。また、相手の話には共感しよう。

●趣味

相手の趣味に興味を持ち、自分自身も経験するというのも有効。共通の話題として、会話も弾みやすくなるだろう。

身近な人と共有したい！

経験・あるあるの法則

言い出しっぺの法則

最初に提案した人が率先して実行するべきだ
という考え方や暗黙のルール。

提唱者

白田秀彰（しらたひであき）（法学者）

提唱年

2006年

「言い出しっぺの法則」とは、何か問題を発見したり、案を思い付いた人がいたら、その人が率先して実行するべきだという考え方のこと。最初に提案した人が、そのプロジェクトの担当者や責任者にされがちであるという経験則から転じた。

法学者の白田秀彰が著書『インターネットの法と慣習』の中で提唱した。白田氏は、問題提起をするということは、その人が問題に直面していることを意味しており、その問題について最も情報を持っているため、まずはその人がやってみるのが一番だと説いている。

自分では何もしない人が、言い出しっぺの法則を利用して提案者に押し付けることがあるため、会議などで積極的に意見を述べたり、提案したりする人がいなくなるという弊害がある。

例

●飲み会

職場で親睦を図るため飲み会を提案したところ、幹事に任命されてしまった。

対策

●仕事

面倒事の責任者を押し付けられそうになったときは、「みなさんも賛成しましたよね」と返そう。また、「提案したからといって、そのまま責任者にするのは安易だ」「ほかに適任者がいるはず」といった返しも効果的だ。

ドレイゼンの復元力の法則

**挫折や失敗した状況を回復するための時間は、
挫折や失敗に至るのに要した時間よりも
長い時間を必要とするという法則。**

提唱者

ジョン・ドレイゼン（心理学者）

提唱年

1960年代

人が挫折や失敗から回復・再起する時間は、挫折や失敗に至る時間よりもはるかに長いという法則。イギリスの心理学者であるジョン・ドレイゼンが1960年代に提唱したとされる。日常生活や仕事において、随所にこの法則を感じることがあるのではないだろうか。

マイナスの状況から立ち直るには、時間がかかって当然だということを頭に入れ、焦らず前に進むことが大切だ。それでも復元に時間がかかる場合は、プロセス自体を見直し、改善する必要がある。

例

●体重

半年で5kg太ったためダイエットを始めたが、5kg痩せるのに1年要した。

●恋愛

1回の浮気が恋人に見つかり、大きな信用を失ってしまった。一度失った信頼を取り戻すには、失うのに要した時間よりもずっと長い時間が必要。

●震災

震災によってPTSDを発症したが、治療を何年も続けた結果、ようやく症状が和らいだ。

マーフィーの法則

誰もが経験するような話を
ユーモアや哀愁に富む経験則としてまとめたもの。

提唱者

エドワード・A・マーフィー・Jr.（航空工学者）

提唱年

1949年

「失敗する余地があるなら、失敗する」「落としたトーストがバター を塗った面を下にして着地する確率は、カーペットの値段に比例する」など、そういうときに限ってこんなことが起きてしまうといったユーモアや哀愁に富む経験則の総称。事実かどうかや科学的な根拠は問わない。

もともとは、アメリカ空軍のエンジニア、エドワード・A・マーフィー・Jr.の言葉に由来する。マーフィーは、航空機のテスト飛行中に装置の異常を見つけた際に、原因が人為的なミスであることを指摘し、「いくつかの方法があり、一つが悲惨な結果に終わる方法であるとき、人はそれを選ぶ」と言った。この言葉は技術者の間で広まり、後に軍の記者懇談会で紹介された。さらに、1977年に作家のアーサー・ブロックが『マーフィーの法則』を出版すると、この本は全米でベストセラーとなり、国内外で広く知られるようになった。

なお、牧師のジョセフ・マーフィーの著作『マーフィーの成功法則』と混同されがちだが、両者は全くの無関係である。

バターを塗ったトーストの実験

マーフィーの法則の中でも有名な、落としたトーストに関する法則。この法則に対し、イギリスの科学者ロバート・マシューズが2006年に実証実験を行った。実験は、1000人の子どもたちにバターを塗ったトーストを落とさせるというもので、62%がバターを塗った面が下に落ちるという結果になった。

さらにマシューズは、バターを塗った面が床に落ちないようにするには、高さ3m以上のテーブルから落とす必要があるという結論を出した。

例

●移動

急いでいるときに限って、赤信号に引っかかる。

●列

レジや切符売り場に並ぶと、自分の並んだところだけ遅くなる。

●仕事・恋愛

デートの約束がある日に限って、残業になる。

●電話

間違って電話をかけたときに限って、すぐに相手が電話に出る。

対策

マーフィーの法則は、常に最悪の結果を想定し、実際に最悪の事態が起きたときに損害を最小限に抑えようという考え方でもある。

●事故やミスの防止

「失敗する余地があれば失敗する」のであれば、失敗する余地を与えなければいい。

●対処法

ミスやトラブルは起こるものと考え、不測の事態が起きた場合の対処法を検討しておこう。そうすることで、冷静かつスムーズに対応できる。

マーフィーの法則に類似する概念

フィネーグルの法則	マーフィーの法則の中でも、主に数学や情報科学などの自然科学全般に当てはまるもの。「うまくいかない可能性のあるものは、最悪のタイミングで起こる」ということを示唆する法則。
ソッドの法則	失敗の連続や不幸な出来事を自嘲する表現。イギリス版マーフィーの法則。
オーガスタス・ド・モルガンの言葉	「起こり得ることは何でも起こる」。19世紀に活躍したイギリスの数学者ド・モルガンが述べた言葉で、後にマーフィーの法則として知られるようになった。
ネヴィル・マスケリンの言葉	「(特別な行事の時に)うまくいかないことは全てうまくいかない」。イギリスのマジシャン、ネヴィル・マスケリンが1908年に述べた。

明日を切りひらく！

自己実現の法則

1.01と0.99の法則

**努力を少しずつ続けるとやがて大きく成長し、
努力を少しずつ怠り続けるとほとんど成長できず
むしろ退化するという教訓。**

提唱者

三木谷浩史（実業家）

提唱年

2009年

現在の自分を1として、1日の中で1%の努力（1+0.01）をして、これを365日続けたとする。1.01×1.01×1.01×…と365回かけると、1.01の365乗は37.7834343329となり、1年後には約37.8倍成長する。反対に、1日の中で1%手を抜く（1−0.01）ことを365日続けたとする。0.99×0.99×0.99×…と365回かけると、0.99の365乗は0.0255179645となり、1年後の自分は現在の約0.03倍になってしまう。勉強や運動などを少し頑張ったり少しサボったりしても、短期的には大きな差は生まれない。しかし、1年という期間で考えると、大きな差となって自分に返ってくるということを意味している。この法則は、楽天グループの創業者の三木谷浩史が、著書『成功のコンセプト』で提唱したのが始まりといわれている。

なお、この法則に対して、かけ算ではなく足し算の方が合っているとか、毎日必ず1%の努力を積み重ね続けることが可能なのかという意見もある。この法則は、数学的に成り立つか否かというよりも、小さな努力を積み重ねることの大切さを示している。

例

●運動・スポーツ

毎日トレーニングを続けると体力が増し、サボると体力が衰える。

21日間の法則

新しい習慣を形成するには
21日間継続することで習慣化できるという考え。
「インキュベートの法則」ともいう。

提唱者

マクスウェル・マルツ（形成外科医）

提唱年

1960年

新たに習慣にしたいことを21日間続けると習慣化することができるというもので、アメリカの形成外科医のマクスウェル・マルツが著書『Psycho-Cybernetics』で提唱した。彼は、手術を受けた患者が手術した部位に慣れるまでに約21日かかったことに基づき、この期間が、人間の感情のパターンや行動が形成される一般的な期間であると結論付けた。ただし、この主張は科学的な根拠には乏しいとされている。さらに、習慣化にかかる期間は個人差があり、一概に21日間で定着するとは限らない。とはいえ、新しい行動を一定期間継続することで、最初は意識して取り組んでいた行動が、次第に無意識の行動に変化し、やがて習慣として定着することが期待できる。

なぜ新しい行動を習慣化するのは難しいのか

脳は、環境の変化によって人間が危険に晒されるのを防ぐため、急激な変化を嫌い、現状を維持しようとする性質がある。そのため、新しいことを始めようとすると脳が抵抗し、その結果、やる気が下がったり、やらない理由を探そうとするといったことが生じる。

活用

脳が新しい行動を習慣と認識するまで、ある程度の期間が必要となるため、脳の抵抗に逆らって、毎日継続することが大切だ。なお、始めから高い目標を掲げると、挫折する可能性が高くなる。そのため、「英語のリスニングを5分だけやる」「15分だけ片付けをする」など、最初はハードルを低く設定すると継続しやすい。毎日続けると、脳はエネルギーの消費を抑えるために、意識せずに取り組めるよう変化する。こうして新しい行動は習慣化していく。

1万時間の法則

ある分野のエキスパートになるには
1万時間の努力が必要だという理論。

提唱者

マルコム・グラッドウェル（ジャーナリスト）

提唱年

2008年

ある分野で一流となって成功するには、約1万時間の練習や努力が必要だという理論。イギリス出身のジャーナリストのマルコム・グラッドウェルが、著書『天才！成功する人々の法則』（原題『Outliers: The Story of Success』）で紹介したことで広まった。グラッドウェルは、ある調査を基にこの法則を提唱した。

「1万時間の法則」の基になったのは、心理学者のアンダース・エリクソンらが1993年に発表した論文に掲載されている調査だ。主に交響楽団のバイオリニストやバイオリンを専攻する学生を調査したところ、バイオリニストの中でもトップレベルに分類される人ほど、多くの時間を練習に費やしていることが判明した。そして、トップレベルのバイオリニストたちがバイオリンを始めてから18歳時点での練習時間の総計を出し、20歳までに費やす練習時間は1万時間以上かかることが導き出された。

なお、特定の分野でエキスパートになった人のうち、多くの人が練習に1万時間以上かかるということであり、あらゆる分野や全ての人に当てはまるものではないということに注意する必要がある。

1万時間を年数に換算すると？

1日1時間を練習時間に充てるとすると約27年、1日3時間では約9年、1日8時間の場合は約3年半となる。

1万時間の法則に対してエリクソンは、ただ1万時間同じ動作を繰り返すだけでは不十分としている。一流のスキルを身に付けるには、「具体的な目標」、「集中して行うこと」、「指導者からのフィードバック」、「現在の能力をわずかに上回る課題への挑戦」が必要だと述べている。

金魚鉢の法則

金魚の習性や様子から生まれた2つの教訓。

提唱者

不明

提唱年

不明

金魚は、金魚鉢の大きさによって体型が変化するといわれ、小さい金魚鉢で飼育された金魚は小さいままで、大きい金魚鉢で飼育された金魚は大きな金魚へと成長するということが知られている。これを人に置き換えて、大きな夢や高い目標を設定すると、その夢や目標に見合うように大きく成長することができるという考え方が、「金魚鉢の法則」だ。

また、金魚鉢の法則には、もう一つの見方がある。金魚鉢に入れたばかりの金魚に餌を与えると、勢いよく餌に食い付くが、餌を与えられるという環境に慣れてくると、餌への反応が薄くなることがある。そこに、新しい金魚を金魚鉢に入れると、新しい金魚はわれ先にと餌に飛び付く。すると、元から金魚鉢にいた金魚も動き出し、餌を取り合うようになるという。このことから、現状に甘えず、初心を忘れてはいけないという教訓になったとされている。

努力逆転の法則

努力すればするほど、
望まない結果を招いてしまうという法則。
「エミール・クーエの法則」ともいう。

提唱者

エミール・クーエ（精神科医）

提唱年

不明

緊張せずうまく発表しようと思うと余計に緊張してしまったり、無理に寝ようとすると逆に眠れなくなるなど、頑張ろうとすればするほど、その努力とは反対の結果になってしまうという法則。19世紀後半から20世紀初頭に活躍し、ポジティブ・シンキングの元祖として知られる、フランスの精神科医エミール・クーエが提唱した。

「努力逆転の法則」は、以下の3つの要素で構成される。

①意志力と想像力が相反した場合は、想像力が勝つ。
②意思の力で努力すると、失敗した際の想像力も増大し、成功を目指す努力とは反対の失敗の結果になる。
③失敗した場合を思い描く想像力の強さは、成功したいと望む意思力の2乗に正比例する。意思力と想像力が相反した場合、想像力が導く結果に至る。

つまり、失敗したくないと考えると失敗のイメージが鮮明になり、それが原因となって失敗しやすくなるということを表している。

対策

成功するか不安な場合は、その不安と向き合ってみよう。どのような失敗が想定されるのかを考え、その対処法を事細かに決めておくことで、目の前の取り組むべきことに集中できるようになる。

また、簡単な練習を行うなど、小さな成功体験を積むのも効果的だ。小さくても成功したという体験をすることで、「次もうまくできる」という自信につながり、失敗のイメージを払拭できる。

努力した上でそれでも不安が残る場合は、「緊張して当然」「うまくできなくても大丈夫」と開き直ると、逆に落ち着くことができる。

引き寄せの法則

自分の思考や感情が
自分の人生に影響を与えるという思想。

提唱者

不明

提唱年

不明

19世紀後半のアメリカで始まった、「ニューソート（新しい思想）運動」において生まれたとされる。「引き寄せの法則」では、自分の周りにあるものや環境は、自分の思考が引き寄せたものと捉える。つまり、ポジティブな思考を持つと、おのずとポジティブな現実が引き寄せられ、反対にネガティブな思考を持つと、ネガティブな現実を引き寄せるとされている。

この法則を裏付ける実証的な科学的根拠はない。しかし、意識しているものほど視界に入りやすいという心理現象の「カラーバス効果」や、意識した情報だけを取り入れ、意識していない情報は存在しないかのように扱う「RAS」という脳機能に類似しているともいわれている。

引き寄せの法則は、具体的な行動を起こさなくても、思い浮かべるだけで望むものが引き寄せられるというわけではない。この法則は、実現したいことや欲しいもの自体を引き寄せているのではなく、願いを実現するための道筋やチャンス、アイデアを引き寄せているといった方が合っているだろう。

引き寄せの法則の実践方法は以下の通りだ。

①願いを明確化する

実現したい願いをイメージする。複数の願いがある場合は優先順位を付け、一つずつ実現していく。イメージするだけでは漠然としてしまう場合は、紙に書き出すことで願いを整理しやすくなる。より一層明確にイメージするために、写真などを貼ることもおすすめだ。

②願いを肯定的な言葉に変換する

「○○できている」「すでに○○になった」など、願いを現在形もしくは過去形の肯定的な言葉に置き換える。「○○が欲しい」「○○がかないますように」といった願望の言葉は、「まだ実現していない」という否定的なイメージを潜在意識に刷り込むことになるため、使用しない。

③実現したときの感情を意識する

すでに願いがかなった自分の姿をイメージして、実現できた喜びや幸せな感情を意識する。このポジティブな感情を常に意識すると、願いに関する物事にアンテナを張ることができるようになる。

④感謝の気持ちを持つ

力を貸してくれた人や見守ってくれた人、周りの自然や環境、運など、全ての人や物事に感謝する。感謝の気持ちが周囲の人に伝わると、願いに関する情報を教えてくれたり、協力を得られやすくなるなど、より豊かな状況を引き寄せることができるとされている。

活用

●恋愛

片思いの相手がいる場合は、「○○と顔見知りになる・会話をする」といった小さな願いから始める。最初の願いを達成したら、「連絡先を交換する・2人で食事をする」と願いの段階を上げていく。片思いの相手がいない場合は、理想の相手の特徴を細かくイメージし、「○○のような人に出会う」などと願っていく。

次に、すでに理想の人と幸せな毎日を送っているとイメージし、その人と一緒にいるときの喜びを意識する。幸せな感情を意識することで、自分の振る舞いや容姿に気を配るようになったり、理想の人と出会える場所に行くようになるなど、行動に移しやすくなる。

●お金

お金を得る目的や、いつまでにいくら欲しいのかを明確化する。「お金を欲しがるのはよくない」など、お金に対してネガティブなイメージがある場合は、「お金があることでゆとりのある生活を過ごせる、人を助けられる」など、ポジティブなイメージに変える。

次に、すでにお金を手に入れているとイメージし、そのときの幸せな気持ちを意識する。その感情を意識することで、例えば副業や起業を始めるといった、お金を得るためのアイデアに気付きやすくなる。

また、お金は自分と他者の間を循環するものと捉え、誰かに何かをしてもらったら感謝を伝え、お返しをすることを習慣にする。

心を整える！

人生・哲学の法則

カルマの法則

自分の行った行為が自分に返ってくるという思想。

提唱者

不明

提唱年

不明

「カルマ」とは、サンスクリット語で「行為」を意味する「karma」を語源とし、日本語では「業（ごう）」などと訳される。インドでは紀元前10世紀ごろから輪廻思想と結び付いて重要な思想となり、ヒンドゥー教や仏教をはじめ、インドを発祥とする宗教で取り入れられたことにより、さらに広まったと考えられている。

人が善または悪のカルマを作ると、因果のことわりにより、それに適した楽または苦の報いを受けるという、いわゆる「因果応報」の考え方。紀元前800年ごろの成立とされるインド思想の主要な文献『シャタパタ・ブラーフマナ』では、以下のように説明されている。

インド思想における「カルマ(業)」とは

善をなすものは善生をうけ、悪をなすものは悪生をうくべし。浄行によって浄たるべく。汚れたる行によって、汚れをうくべし

善人は天国に至って妙楽をうくれども、悪人は奈落に到って諸の苦患をうく。死後、霊魂は秤にかけられ、善悪の業をはかられ、それに応じて賞罰せられる

―『シャタパタ・ブラーフマナ』より

この思想がキリスト教的価値観を礎とする西洋にもたらされると、18～19世紀にはヨーロッパを中心に、心霊主義や神智学などのスピリチュアル思想と結び付いていった。

特に、20世紀後半にアメリカで生まれた自己意識運動「ニューエイジ」では、カルマは原因と結果に関する宇宙の法則であるとされ、今の人生の課題は前世のカルマによって決められているという考え方がヒッピー文化と結び付き、当時のアメリカで広く支持された。中でも、ニューエイジ思想を世界的に広めた女優シャーリー・マクレーンは、前世からのカルマから解き放たれるための方法を記した著作を発表し、大きな反響を呼んだ。

クラークの三法則

**1. 高名で年配の科学者が可能だと言った場合、
その主張はほぼ間違いない。
不可能だと言った場合、その主張はまず間違っている。
2. 可能性の限界を発見する唯一の方法は、
その限界を少しだけ超えるまで挑戦することだ。
3.十分に発達した科学技術は魔法と見分けがつかない。**

提唱者

アーサー・C・クラーク（作家）

提唱年

1962〜1973年

『2001年宇宙の旅』などで知られるイギリスの著名なSF作家、アーサー・C・クラークによって定義された、科学技術や未来予測に関する3つの法則。著書『未来のプロフィル』(1962年)に収録されたエッセイ『Hazards of Prophecy: The Failure of Imagination』で初めて言及されたが、本人が公式に3つの法則全てを認めたのは、同著の改訂版(1973年)だった。

3つの法則のうち、特に『第三法則』の「十分に発達した科学技術は魔法と見分けがつかない。」という言葉が最もよく知られており、多くの作品で引用されている。また、クラークはこの第三法則の例として、次のように説明している。

「1962年当時、いつか1冊の本と同じくらいのサイズの物体に、図書館全体の蔵書を保存できる日が来ると言っても、誰も信じなかっただろう。そして、その物体がたった1秒で特定の本のページや単語を見つけられるなんて、絶対に受け入れなかっただろう。」

『2001 年宇宙の旅』

スタンリー・キューブリック製作・監督による、1968年公開のSF映画『2001年宇宙の旅』。現在でも最高のSF映画として高く評価されているが、もともとはクラークが1951年に発表した短編小説『前哨』をはじめ、クラークの他の作品に触発されたものだ。

脚本はキューブリックとクラークの共同脚本となったが、その過程でクラークはキューブリックに対する不満があったと発言しており、後に出版した小説版では、映画の内容とは詳細が異なっている。また、続編となる『2010年宇宙の旅』の映画化の際に、クラークはキューブリック抜きでの制作を条件にしたという。

neftali/Shutterstock.com

ジャネーの法則

**歳を取るにつれ、若いころと比べて
時間の流れが早く感じるようになるという心理現象。**

提唱者

ポール・ジャネー（哲学者）

提唱年

19世紀

主観的に記憶される月日の長さは年少者にはより長く、年長者にはより短く評価される——つまり、人間は歳を取ると、若いころよりも時間の流れが早く感じるという心理現象を説明したもの。19世紀のフランス人哲学者ポール・ジャネーが提唱し、彼の甥で心理学者であるピエール・ジャネーの著書で紹介された。

生涯のある時期における時間の心理的長さは年齢に反比例する［Y（体感時間）=1/n（年齢）］ということで、この数式を当てはめると、各年齢における1年間の体感時間は次のようになる。

例

年齢	体感時間
1歳	365日
5歳	73日
10歳	37日
20歳	18日

年齢	体感時間
30歳	12日
40歳	9日
50歳	7日
60歳	6日

年齢	体感時間
70～80歳	5日
90～100歳	4日

対策

この計算に基づくと、人生の半分は20歳で終えていることになる。どうすれば、子どものころと同じような体感時間を保てるだろうか。

例えば、旅行中は普段より1日が長く感じられるという経験をした人も多いのではないだろうか。日常とは違う新しい経験やチャレンジをし続けることで、人生をより長く楽しむことができるかもしれない。

レス・イズ・モアの法則

少ない方がより豊かであるという考え方。

提唱者

ミース・ファン・デル・ローエ（建築家）

提唱年

20世紀

「レス・イズ・モア(Less is More)」とは、日本語にすると「少ない方がより豊かである」という意味であり、20世紀のモダニズム建築を代表するドイツ出身の建築家、ミース・ファン・デル・ローエの言葉とされる。シンプルなデザインを極限まで追求することで、真に美しく豊かな空間が生まれるという、本来は建築やデザインにおける考え方だった。しかし、近年はミニマリズムへの注目などにより、人生訓としてもあらゆる分野で応用されている。

例

ただ少なくすればいいということではなく、少なくすることでより多くのメリットを得たり、「足るを知る」ことが重要。

●生活

家の中の不要な物を減らし、広くなったスペースを楽しむ。

●健康

車での移動を減らし、自転車や徒歩での移動を増やす。

●経済

無駄な支出を減らし、貯金を増やす。

これからの必須教養！

コンピューター・インターネットの法則

1%の法則

**あるインターネットコミュニティーに投稿する人が
1%いる場合、閲覧しているだけの人が99%いるということ。
「90：9：1の法則」ともいう。**

提唱者

**ベン・マコーネル（作家、ブロガー）
ジャッキー・フーバ（作家、ブロガー）**

提唱年

2006年

「1%の法則」とは、インターネットコミュニティーのユーザー行動を分類した法則で、情報発信やコンテンツを作成する人は全体の1%しかおらず、残りの99%はそのコンテンツの消費者でしかないという法則。「90：9：1の法則」とも呼ばれ、その場合は、1%がコンテンツを作成し、9%が情報に対して反応し、90%がそれらの情報を閲覧するだけのROM※ユーザーに分かれるとされる。

多くのコミュニティーサイトで1%の法則が成立することが確かめられたが、近年はSNSの台頭により、インターネットコミュニティーに対するユーザーの利用シーンも大きく変化したため、異なる分布が現れる可能性が高い。

この法則は、結果の80%は、全体を構成するうちの20%の要素によって生み出されているという「パレートの法則(P.72)」とよく比較される。

※Read Only Memberの略で、書き込みをせずに閲覧だけすること。読み出し専用メモリーになぞらえた語。

例

●YouTube

1%のユーザーが動画をアップロードし、それを見た9%のユーザーがコメントを投稿し、残りの90%のユーザーは動画とコメントを見ているだけ。

●掲示板

1%のユーザーがスレッドを立て、それを見た9%のユーザーが書き込みを行い、残りの90%のユーザーは閲覧しているだけ。

90：90の法則

**コードの最初の90%が開発時間の90%を占め、
残りの10%にさらに90%の開発時間がかかるというもの。
ソフトウエア開発のプロジェクトは、当初のスケジュールを
大幅に超過する傾向にあるという皮肉。**

提唱者

トム・カーギル（情報工学者）

提唱年

1980年代

「90：90の法則」は、コードの90%が開発時間の最初の90%を占め、残り10%のコードに開発時間の90%をさらに占めるというもの。ベル研究所のトム・カーギルが提唱した。開発にかかる時間が合計180%になるのは、ソフトウエアを開発するプロジェクトにおいて、最後にエラーやバグを取り除く作業に時間がかかり、当初のスケジュールを大幅に超過する傾向にあるという皮肉が込められているためだ。

最初の段階では進捗が速く見える一方で、最終段階では予想以上に時間がかかるという傾向は、ソフトウエア開発以外にも見られる。また、9割の仕事が終わると油断が生まれ、単純なミスや予期しない出来事が起きがちだ。予定外の問題や遅延が生じた場合でも、余裕を持って対応できるように、作業の重要な部分や困難な部分を見極めた上でスケジュールを組むことが重要となる。

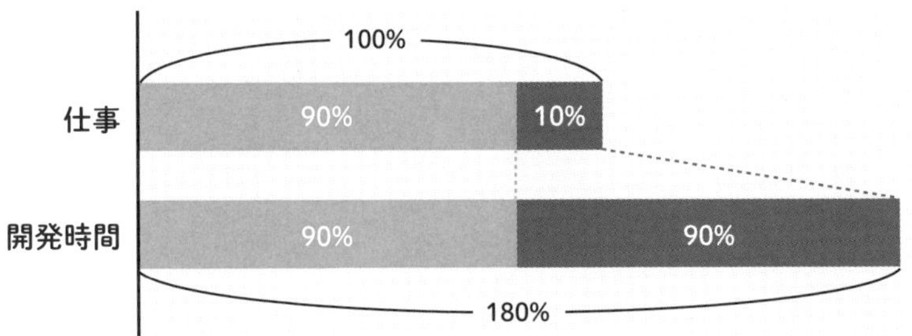

例

●アプリ開発

スマホのアプリを開発するのに、最初の2カ月で9割完成させたが、残り1割を完成させるのにさらに2カ月の時間を要し、合計4カ月かかった。

ヴィルトの法則

ソフトウエアはハードウエアが高速化するより
急速に低速化するという法則。
ソフトウエアの肥大化はハードウエアの進歩を超えている。

提唱者

ニクラウス・ヴィルト（情報工学者）

提唱年

1995年

Pascalをはじめとする複数のプログラミング言語を設計した情報工学者、ニクラウス・ヴィルトが1995年に提唱した法則で、ソフトウエアはハードウエアが高速化するより急速に低速化するというもの。ソフトウエアの低速化は、システムの肥大化に起因しており、ユーザーからすれば、以前と同じだけの作業をするのにかえって遅くなっていることを指摘している。

ソフトウエアが肥大化する原因は、膨大な機能にある。ソフトウエアエンジニアのジョエル・スポルスキによると、80%のユーザーは機能の20%しか使っていないが、各ユーザーの使う機能はそれぞれ異なるため、ユーザーのニーズに応えるうちにソフトウエアが肥大化していったという。

なお、「ヴィルトの法則」の派生に、「ペイジの法則」というものがあり、Googleの創業者ラリー・ペイジが「ソフトウエアは18カ月ごとに2倍遅くなる」と述べている。

●OS

ハードウエアを高速化しても、最新のOSにバージョンアップするたびに容量が増え、ディスク容量が圧迫される。

対策

●ソフトウエアのインストール

必要なプラグインのみを選択してインストールすることで、使用するリソースが軽減される。

カニンガムの法則

**インターネット上で正しい答えを得る最良の方法は、
質問することではなく間違った答えを投稿することである
という法則。**

提唱者

スティーブン・マクギーディ（実業家）

提唱年

2010年

インターネット上で正しい答えを得る最良の方法は、質問することではなく間違った答えを投稿することであるという法則で、フランスの「嘘を説いて真実を知る」ということわざをネットに応用したものといわれている。人は、間違った情報を見たり聞いたりすると、訂正したくなる心理が働く。これは、自身の知識や経験をアピールし、他の人に教えることで競争心やプライドを刺激され、正しい情報を提供しようとするためだ。

提唱したのは、インテルの元幹部スティーブン・マクギーディで、1980年代にニューヨーク・タイムズの言語学ブログに、Wikiの発明者であるウォード・カニンガムと一緒に仕事をしたときのことを引用し、この法則を投稿した。

Wikiとは、サイトの閲覧者の誰もが情報を自由に編集できるシステムで、間違った情報が投稿されると、その多くは他の誰かによって正しい情報に訂正される。Wikiはこの真理を利用したシステムで、これを採用したWikipediaは、「カニンガムの法則」の最も広く知られた証拠といわれている。

ただし、インターネット上に間違った情報を意図的に書き込むことは、情報の正確性に悪影響を及ぼす可能性があるため、むやみにこの法則を使用することは推奨しない。

例

●SNS

SNSに「雨具のかっぱは、妖怪のかっぱみたいに水に強いから、かっぱという名前になったらしい。」と投稿したところ、「それは違います。ポルトガル語のcapaが由来の外来語です。」というような訂正の返信が何件も来た。

活用

カニンガムの法則は、自分が正しいと思っている情報が本当に正しいかどうか確認を取る際に役立つ。また、対面で相手からうまく話を聞き出す際にも有効だ。

●対面での会話

例えば、電車に詳しい人に、「山手線について教えてください」と聞いても、相手はどこから話してよいのか困ってしまう。そこで、「山手線って踏み切りがないんですよね？」と聞いた方が、相手は「違うよ。駒込駅と田端駅の間に一つだけ踏切があって…」と、踏み切りの話に始まり、山手線に関することをいろいろと説明してくれるだろう。

●会議

発言者の少ない会議で、わざと間違ったことを発言すると、間違いをそのままにしておくことに耐えられなくなった人が発言し、会議が活気づく可能性がある。しかし、意図的な間違いによって、周囲からの評価が下がってしまうというリスクもある。

レスを返したくなる書き込み

インターネット上で、ヒグマの餌付けに関する①～③の書き込みをしたとき、最もレスポンスを得やすいのはどの書き込みだろうか。なお、国立公園など一部地域における、野生動物への餌やりは法律で禁止されている。

①野生のヒグマに餌付けしてもいいですか？
②野生のヒグマに餌付けしても問題ない。
③野生のヒグマにピザをあげたら喜んでいた。お腹をすかせたヒグマに、何もあげないなんてありえない。

①は普通の質問だが、この書き込みを見かけたとしても、わざわざ回答するのは面倒に感じるのではないだろうか。②と③は両方とも間違っているが、③はすでに間違った行いをしており、本来正しい立場の人（餌付けをしない人）を非難しているため、書き込みを見た人は②よりも訂正させたい気持ちが強くなるはずだ。よって、③→②→①の順にレスポンスが多くなるだろう。

SNS上では、傲慢（ごうまん）で無知な書き込みも散見されるが、インプレッション稼ぎや炎上狙いの人も多く、そういった場合は相手にしない方がよい。

グロッシュの法則

コンピューターの性能は価格の2乗に比例する。
高いコンピューターを買った方が得であるということ。

提唱者

ハーバート・グロッシュ（情報工学者）

提唱年

1965年

IBMの技術者ハーバート・グロッシュが1965年に提唱した経験則で、コンピューターの性能は価格の2乗に比例するというもの。

例

●大型コンピューター

500万円のコンピューターと1000万円のコンピューターの価格差は2倍だが、性能差は4倍になる。

IBMが1964年に発表したメインフレームコンピューターのシリーズ「System/360」は、まさにこの法則が当てはまっており、IBMはこの法則が成り立つように価格設定をしていたといわれている。

「グロッシュの法則」は、より大型のモデルへと誘導するための売り文句として用いられた。また、個々にコンピューターを割り当てて分散処理をするよりも、大型のコンピューターを複数人で共有した方が経済的とされ、1970年代はメインフレームの全盛期となった。しかし、後にマイクロプロセッサーを搭載した小型コンピューターが登場し、コンピューターの低価格が進むと、グロッシュの法則は曖昧になっていった。

1999年には、複雑化による性能向上は2乗ではなく、逆2乗であるという「ポラックの法則」が誕生している。

ゴドウィンの法則

インターネット上での議論が長引けば長引くほど、
ヒトラーやナチスが引き合いに出される確率は1に近付く。
「ゴドウィンのヒトラー類比の法則」ともいう。

提唱者

マイク・ゴドウィン（弁護士）

提唱年

1990年

インターネット上での議論が長引き、相手の意見が受け入れられないときなどに、ヒトラーやナチス、ファシズムを引き合いに出すことが多くなるというもの。

「ゴドウィンの法則」は、アメリカの弁護士マイク・ゴドウィンが1990年に提唱した法則で、1994年に『WIRED』US版でこの法則を紹介し、広く知られるところとなった。ゴドウィンは、議論上でヒトラーを引き合いに出すことをミーム*と考え、こういった極端なミームは理性的な議論を行う上で望ましくないと考えていた。そこで、このミームを打ち消すような反ミームとして、ゴドウィンの法則を思い付いたという。「ゴドウィンのヒトラー類比の法則」とも呼ばれる。

フランスでは、「ゴドウィン点」と呼ばれ、議論でヒトラーやナチスを引き合いに出す人が出てきたら、その議論は「ゴドウィン点に到達した」というように用いられる。

※インターネット上で拡散されてはやるスラングや慣用句、画像や動画のこと。

例

●SNS

SNSで政治家と口論になったが、自分が不利な状況になったので、手っ取り早く攻撃するために「あなたはヒトラーのようだ」と投稿した。

ムーアの法則

半導体の集積率は1年ごとに2倍になるというもの。

提唱者

ゴードン・ムーア（工学者、実業家）

提唱年

1965年

半導体に集積されるトランジスタ※の数は毎年倍増するという、半導体の性能が急速に向上することを予測した法則で、インテルの共同設立者の一人であるゴードン・ムーアが1965年に発表した。

この予想はムーアの経験則に基づくものであり、当時販売していた4種類のICの搭載部品数から推定したものだった。1975年には、「2年ごとに倍増する」と変更している。なお、「ムーアの法則」について「18カ月で2倍」という数字が登場することもあるが、当時インテルのMPUが18カ月で2倍に性能向上したことから混同されたと考えられている。

ムーアの法則は、半導体産業の技術革新の指針となり、コンピューターは毎年のように小型化や高性能化が進み、安価なものが登場してきた。しかし、トランジスタサイズや配線間隔には物理的な限界があり、2010年代後半になると、半導体の開発ペースが落ち始めてきた。そのころから「ムーアの法則は限界だ」という声が上がるようになったが、現在も半導体の微細化は進んでおり、ムーアの法則はまだ終わっていないと考えてよいだろう。

※電子回路を構成する半導体素子のこと。電気信号を増幅したりスイッチングしたりする機能を持つ。

例

●CPU

1秒間に100個の処理をしていたCPUが、1年後には同じ面積のCPUで200個の処理ができるようになる。

ネーヴンの法則

量子コンピューターの性能が
二重指数関数的に向上していくこと。

提唱者

ハルトマット・ネーヴン（科学者）

提唱年

2018年

量子コンピューターとは、量子の持つ性質を利用して情報処理を行う次世代コンピューターのことで、従来のコンピューターとは桁違いの計算能力の高さから、新薬や新素材の開発、金融予測や災害予測など、さまざまな課題解決に役立つことが期待されている。

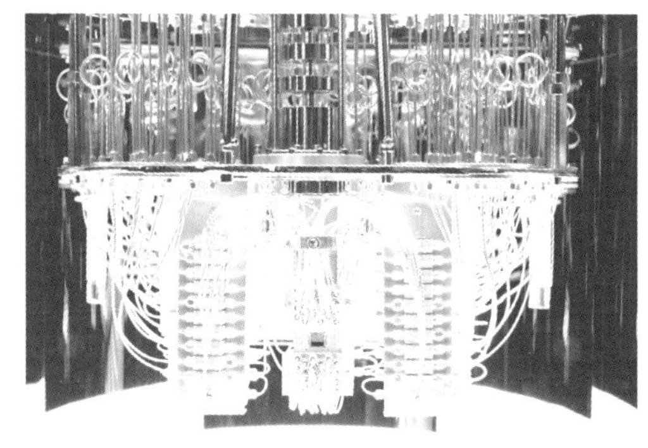

▲量子コンピューターの超伝導回路。量子ビットを構成する。(Boykov/Shutterstock.com)

「ネーヴンの法則」は、量子コンピューターの性能が二重指数関数*的に向上していくというもので、従来のコンピューターに比べて、量子プロセッサーがいかに早く進歩するのか、あるいは演算処理の高速がいかにスピーディーに進むのかを表した法則だ。Googleの量子人工知能研究所の所長であるハルトムット・ネーヴンにちなんで名付けられ、「ムーアの法則(P.254)」に替わる法則として話題になっている。

多くの専門家は、2030年までは量子コンピューターの実用化は難しいと考えていたが、ネーヴンの法則によれば、本格活用される日も近いと考えてよいだろう。

※4倍、16倍、256倍、65536倍…と増加すること。

メトカーフの法則

**ネットワークの価値は、
そのネットワークに接続するユーザー数の2乗に比例する。**

提唱者

ロバート・メトカーフ（工学者）

提唱年

1993年

「メトカーフの法則」とは、ネットワークの価値は、そのネットワークに接続するユーザー数の2乗に比例するというもの。例えば、電話を自分だけが持っていても誰とも通話できないが、友人も電話を持っていれば友人と通話することができ、そこに価値が生まれる。それが、数百台になり、数万台になれば、その価値は計り知れない。

この法則を提唱したのは、イーサネット※を発明したロバート・メトカーフで、経済学者のジョージ・ギルダーが命名した。ネットワークは、新しいユーザーが加わるたびに、より強力になっていくという考えだが、メトカーフは、当時まだほとんど利用者がいなかった通信ネットワークの価値について、後の急速な発展を正確に予想していた。

※通信機器同士を接続するネットワーク規格の一つ。

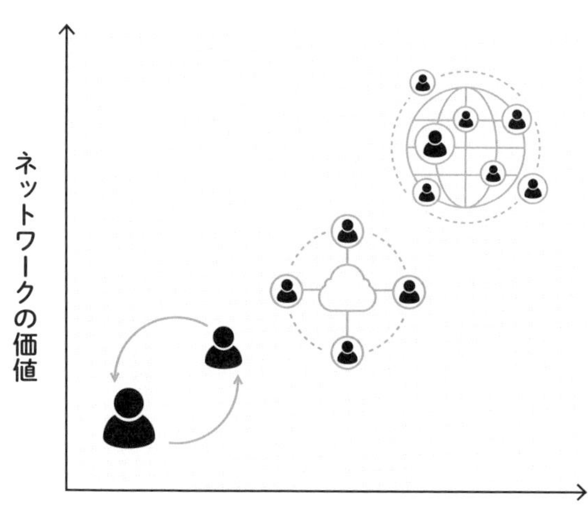

例

●YouTube

2005年にサービスが始まったころは、動画を投稿する人も見る人もわずかしかいなかったが、現在は25億人以上のアクティブユーザーがおり、ユーザーにとって生活の一部となっている。

●SNS

利用者の少ないSNSは得られる情報が少なく、また、誰もフォローしなければ何の情報も得られないが、利用者が増え、フォロー数も増えることで、情報をたくさん得ることができる。

ネットワーク効果

ネットワーク効果とは、製品やサービスの価値が利用者数に依存する効果のことで、ミクロ経済学で用いられる用語だ。

この効果には、「正のネットワーク効果」と「負のネットワーク効果」の2種類がある。正のネットワーク効果は、利用者が多ければ多いほど、利用者の効用が向上する効果のことで、メトカーフの法則で説明できる。電話やメール、SNSや動画共有サイト、フリマサイトなどは、正のネットワーク効果が働く例だ。ネットワーク効果を狙ったサービスを提供するビジネスは「プラットホームビジネス」と呼ばれる。

一方、負のネットワーク効果は、正のネットワーク効果とは逆の効果を生む効果のことで、インターネットの集中アクセスによる通信障害やサーバーダウンなどを指す。

ネットワーク効果は、みんながやっているから自分もやりたいという心理的現象「バンドワゴン効果」や、反対に、はやっているからやりたくないという心理的現象「スノッブ効果」をもたらすことがある。

活用

●暗号資産（仮想通貨）

メトカーフの法則は、暗号資産の世界で頻繁に用いられる。通常、暗号資産の価格は、ユニークアドレス（取引活動があるアドレス）の2乗で求めることができるが、スイス連邦工科大学の研究チームによると、ビットコインの価格はパラメーターを若干調整した1.69乗に比例すると結論付けられている。

●ビジネス

一度ネットワーク効果が発揮され、市場で大きくシェアを取った製品やサービスは、他社の参入障壁が高くなる。そのため、市場は独占状態となり、大きな利益を得やすくなる。プラットホームビジネスを展開する場合は、いかに利用者を増やすかがポイントとなる。

◀マッチングアプリも、利用者が多ければ多いほど価値が高まる。

知っていると楽しい！

生物の法則

600℃の法則／400℃の法則

2月以降の毎日の最高気温または平均気温を足していき、その合計が600℃または400℃に達すると桜が開花する。

提唱者

不明

提唱年

不明

　桜の開花日を簡単な方法で予想する法則で、気象予報士の間ではよく知られている。「600℃の法則」とは、2月1日からの毎日の最高気温を足していき、合計が600℃に達したときに桜が開花するというもの。一方の「400℃の法則」は、2月1日からの毎日の平均気温を足していき、合計が400℃に達したときに桜が開花するというもので、600℃の法則よりも精度が高いとされている。なお、実際に気象会社が桜の開花予想を行う際は、これらの法則よりもさらに複雑な計算式を用いる。

2月1日が開始日の理由

　桜の花に限らず、植物には休眠打破というものがある。これは、休眠期に入っている植物が冬の低温に一定期間さらされた後、休眠から目覚めることを指す。

　桜の場合は、開花前年の夏には花の芽が形成されていて、秋は休眠状態に入る。そして冬の低温刺激を受けて休眠打破した後、気温の上昇に伴って、つぼみが膨らみ開花する。最も気温が低くなる時期に休眠打破することから、2月1日が開始日として計算に使われる。

　なお、これらの法則は統計的な法則であり、必ずしも正確とは限らない。気候変動の影響で開花時期がずれる可能性もあるため、あくまで目安として利用するのがよいだろう。

アショフの法則

動物の概日リズムは恒明条件下で光強度が増すと昼行性動物では短くなり、夜行性動物では長くなる。

提唱者

ユルゲン・アショフ（科学者）

提唱年

1960年

一定の明るさが保たれている条件下で光の強度が増すと、動物の概日リズム（体内時計）は、昼行性動物の場合は周期が短くなり、夜行性動物の場合は周期が長くなるというもの。1960年にドイツの科学者ユルゲン・アショフが行った実験で発見された。この法則は経験則として発表され、節足動物や昼行性のほ乳類などに一部例外が見られるといわれている。

この実験の後、アショフは1962年に自ら光を遮断した部屋で1週間過ごす実験を行った。そして、睡眠と覚醒のタイミングや体温の変化、尿の成分などを調べると、一定の時間的規則が確認された。また、1965年には、26人の被験者に外界から遮断された環境で1カ月生活してもらう実験を行った。被験者は時計を使わずに自身の感覚に従って食事や睡眠などを自由に取り、アショフは被験者の起床時間や体温、尿中のカルシウムなどを測定した。彼はこの実験から、人間の概日リズムは約25時間であることを発見し、時間生物学の創始者の一人となった。

アレンの法則

**恒温動物の同種や近縁種間において
寒冷地域に生息する生物ほど
体の突出部が短くなるという傾向。**

提唱者

ジョエル・アサフ・アレン（動物学者）

提唱年

1877年

恒温動物の同種および近縁種間において、寒冷な地方に生息する個体の耳、鼻口部、四肢、尾などの突出部は、温暖な地方に生息する個体に比べて短くなるという傾向。アメリカの動物学者ジョエル・アサフ・アレンにより、1877年に発表された。

恒温動物は、体から突出した部分が長く大きくなるほど、体積に対しての表面積が大きくなり、熱の放出量が増える。寒い地域に生息する動物にとって、熱の放出量を抑えることは重要だ。なるべく体温を下げないようにするために突出部を短くすることで、寒冷な環境に適応できるようになっていったと考えられている。

例

▲北アフリカからアラビア半島に生息するフェネック（左）と、北極圏に生息するホッキョクギツネ（右）。フェネックの耳は顔に対して大きいが、ホッキョクギツネの耳は小さく分厚い。

ウィリストンの法則

より進化した高等な生物ほど、
使わない骨が癒着・融合して、骨の数が少なくなる。

提唱者

サミュエル・ウェンデル・ウィリストン（古生物学者）

提唱年

1914年

爬虫類の頭の骨を研究していたアメリカの古生物学者サミュエル・ウェンデル・ウィリストンが発見した法則で、骨の数は進化の先端にいる種ほど骨の喪失と融合が進み、個数が減少するというもの。この単純化傾向は、古生物学者のウィリアム・キング・グレゴリーによって「ウィリストンの法則」と名付けられ、脊椎動物全般に当てはまることが判明した。骨の数が少なくなる理由は、機能に特化したためと考えられている。

例

	原始生物の頭骨数	高等生物の頭骨数
魚類	180	100
両生類	90～95	50
爬虫類	80	50
哺乳類	70	30

ウォルフの法則

骨は、外から加えられた力に応じて構造を変化させる。

提唱者

ジュリアス・ウォルフ（解剖学者）

提唱年

1892年

骨は、外から加えられた力や負荷に適応して、形や強度を変化させる。つまり、力が加わると骨は強くなり、力が加えられなければ骨は弱くなるという性質を持つ。1892年、ドイツの解剖学者ジュリアス・ウォルフは、「正常にせよ、異常にせよ、骨はそれに加わる力に抵抗するのに最も適した構造を発達させる」と述べ、「ウォルフの法則」と名付けた。

この法則は、正常な骨の形成のみならず、骨折が治癒する過程にも当てはまる。手術後にリハビリなどを行って骨に適当な力を加えると、骨折部に骨の増殖が起こり、回復が促進される。

例

ジャンプ動作が多いバレーボール選手やバスケットボール選手は、負荷が強くかかる腰椎や脚の骨量が高く、テニス選手は利き手の骨量が非利き手に比べて高くなる。反対に、寝たきりの人や無重力空間で過ごす宇宙飛行士のように、骨に刺激が加わりにくい場合は、骨量が急激に減少する。

ガウゼの法則

同じニッチにある生物種同士は
共存するのが難しいという仮説。

提唱者

ゲオルギー・ガウゼ（生態学者）

提唱年

1934年

ニッチ（生態系の中で占める地位）が同じ生物種同士は、一方が他方によって排除されるため、同じ場所で共存することが難しいという仮説。ソ連の生態学者ゲオルギー・ガウゼが、自身が行った実証実験を基に提唱した。

ガウゼは、ニッチが一致しているゾウリムシとヒメゾウリムシを用いて混合飼育する実験を行った。すると、水や餌といった資源を十分与えたにもかかわらず、ゾウリムシは日数の経過とともに減少し、最終的に全滅した。これは、2種類のゾウリムシが生存場所や餌を奪い合い、どちらかが滅ぶまで競い合ったためだ。競合種が同じ資源を利用する場合、環境への適応力や効率的な資源利用、強い繁殖力を持つ種が最終的に生き残る。

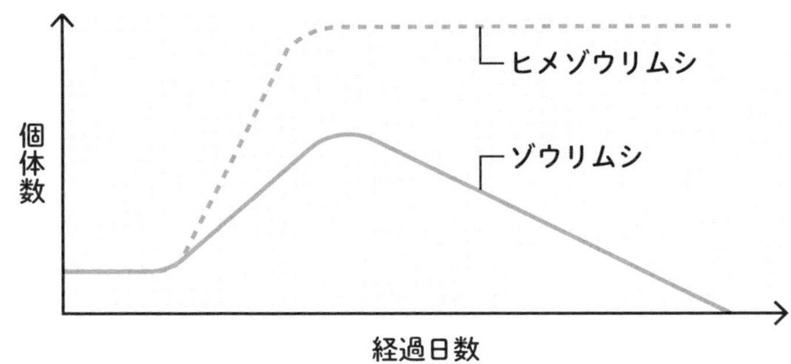

▲ゾウリムシとヒメゾウリムシを混合飼育したときの経過日数と個体数の関係を表したグラフ。

この法則は、常に一定の条件が保たれた閉鎖的な環境では成立する。しかし、実際の自然界では、環境が一定に保たれるとは限らず、絶えず変化する。環境の変化や資源の利用パターンの違いなどによって、本来は競合するはずの種が共存することがある。ガウゼの実験では、水や餌の環境条件を変えることで、ゾウリムシが生き残るように操作することもできることが確かめられている。

化石による地層同定の法則

同じ種類の特定の化石を含む地層同士は
同じ地質年代であるという法則。

提唱者

ウィリアム・スミス（土木技師、地質学者）

提唱年

1816年

イギリス本土全域(イングランド、ウェールズおよびスコットランドの一部)の地質図を初めて作り、「イギリス地質学の父」とも呼ばれているウィリアム・スミスが提唱した法則。1816年の著書『Strata Identified by Organized Fossils』に記されており、地質学の基本法則となっている。

スミスは、遠く離れた地域の地層を対比するには、岩質だけで判断するのは困難であることを、土木技師としての経験を通して知った。そこで、ある地層にのみ含まれるがその上下の地層にはない特定の化石、つまり「示準化石」を用いて地層を対比する方法を編み出した。具体的には、離れた地域間において、同じ示準化石が含まれる地層同士は、岩質が異なっても同じ時代に堆積した地層だと判断できるとした。彼は実際に地質図を作成することでこの法則を証明し、これにより地質学が大いに発展した。

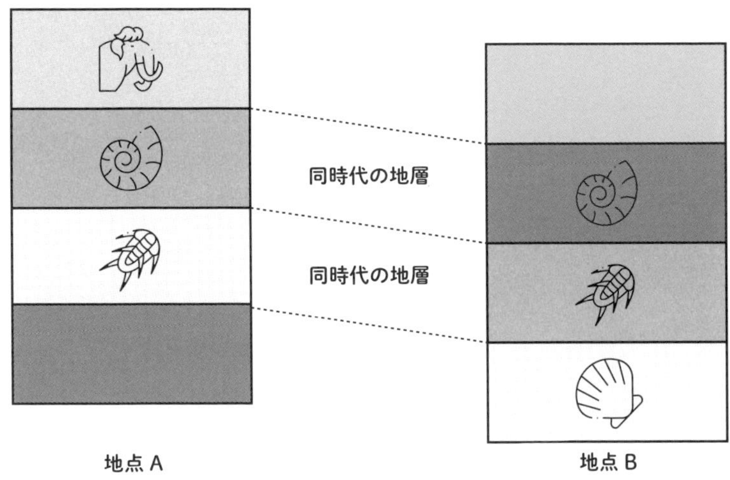

▲離れた2つの地点AとBの地層は、岩質が異なっていても、同じ示準化石を含んでいると同時代の地層と認められる。

グロージャーの法則

**ある種の恒温動物において、
高湿度の地域に生息する動物は
寒冷地に生息する動物よりも
体色が濃く暗い色になるという傾向。**

提唱者

**コンスタンティン・ヴィルヘルム・
ランベルト・グロージャー（動物学者）**

提唱年

1833年

ある種の恒温動物の中で、赤道に近く湿度が高い土地に生息する動物は、寒く乾燥した土地に生息する動物よりも体色が濃く暗い色になるという傾向。1833年にドイツの動物学者コンスタンティン・ヴィルヘルム・ランベルト・グロージャーが、鳥類の羽色と生息地の関係を指摘したのが最初とされている。

例

シジュウカラやヒヨドリは、南の方に生息しているものほど羽が黒っぽい色をしている。また、人間の場合は、暖かく湿潤な地域では肌の色が濃い傾向があり、寒く乾燥した地域では肌の色が薄い傾向がある。

鳥類の羽においては、色素が濃いほど細菌への抵抗性が高まる。高温多湿な環境では細菌が繁殖しやすく、羽がダメージを受けやすいため、細菌から羽を守ろうと色素を濃くしていると考えられている。

人間においては、赤道付近では強い紫外線から肌を守るため、メラニンなどの色素が作られて肌の色が濃くなるとされている。一方で、日照時間が短い寒冷地域では、色素が薄い肌の方が紫外線をより吸収できる。なお、例外として、チベット高原に住むチベット民族や、北極圏周辺に住むイヌイットは、緯度から予測される本来の肌の色よりも色が濃い傾向がある。チベット民族の場合、住環境のチベット高原は紫外線が強い場所で、低緯度地域と同様に色素が濃くなったとみられている。イヌイットは、本来太陽光に当たって生成されるビタミンDを食生活で補うことができ、メラニンを過剰に失う必要がなかったためとされている。

コープの法則

**生物の系統は進化するにつれて
体が大きくなる傾向にあること。**

提唱者

エドワード・ドリンカー・コープ（古生物学者）

提唱年

1880年

アメリカの古生物学者エドワード・ドリンカー・コープが1880年に提唱した法則で、生物は系統発生※の過程で体が小型から大型へ変化する傾向にあること。哺乳類や爬虫類のほか、多くの無脊椎動物の進化系列で普遍的に見られる現象だ。

恐竜の化石の解析から、「コープの法則」が成り立つ事例はいくつか存在する。そのうちブラキオサウルスなどの竜脚類は、これまで陸上で生活した生物の中で最大の生物といわれている。竜脚類が巨大化した主な要因として、基礎代謝が高かった、食べ物をかまずに飲み込んでいた、小さな卵を多く産んでいたことが関係していると考えられている。さらに、これら以外の要因も絡み合うことで、体が徐々に大きくなったとみられている。

このことから、恐竜の進化はコープの法則の一例であると考えられていた。しかし、後の研究で恐竜の大腿骨の化石の大きさについて解析したところ、コープの法則が全ての恐竜に必ずしも当てはまるとは限らないことが明らかになった。よって現代の進化生物学においては、コープの法則は限定的なものとみなされている。

※ある生物の種類が出現したときから現在または絶滅に至るまでの、進化の過程で起こった変化のこと。

▲ブラキオサウルスの復元図。

ゴールトンの退行法則

**平均的な両親からは平均的な子どもが生まれ、
平均以下の両親からは平均以下の子どもが生まれるが、
非常に優れた両親や非常に劣っている両親の子どもには、
その両親の特徴が弱められた形で遺伝する。**

提唱者

フランシス・ゴールトン（統計学者、遺伝学者）

提唱年

1870〜1880年代

平均的な能力を持つ両親からは平均的な能力を持つ子どもが生まれ、平均以下の能力を持つ両親からは平均以下の能力を持つ子どもが生まれる。しかし、非常に優れた能力を持つ両親または非常に劣った能力を持つ両親の子どもには、その両親の特徴が弱められた形で遺伝するという法則。統計学や気象図、指紋鑑定など、あらゆる分野の礎を築いたイギリス人のフランシス・ゴールトンが発見した。

「進化論」で有名なチャールズ・ダーウィンをいとこに持つゴールトンは、ダーウィンの著書『種の起源』に刺激を受ける。そして、進化論を独自解釈し、人間の能力は遺伝的要因が大きいと仮定して、科学的に実証しようとした。

1883年、ゴールトンは「優生学」という造語を打ち出した。これは、悪質な遺伝を避け、優良な遺伝を子孫に残していくことで、社会を優良にすることを目的とした思想体系だ。優生学には、子孫を残すに相応しない者が子孫を残すことを防ぐ「消極的優生学」と、子孫を残すに相応する者が子孫を残すことを奨励する「積極的優生学」があり、ゴールトンは後者を推し進めていた。

しかしゴールトンは、研究を進めるうちに優生学の複雑さに直面する。スイートピーの種子を使った実験や人間の身長の調査から、形質(生物が持つ性質や特徴)が極端に突出した生物の子孫は、平均的な形質に回帰することを発見した。

このことからゴールトンは、優れた親から優れた子どもが、劣った親から劣った子どもが生まれるとは限らず、平均的であるということは生き残りやすい可能性があるということを示唆しており、遺伝子レベルで平均へ帰ろうとする動きがあるといえると認識した。

進化の二十四法則

古生物の系統発達における
あらゆる傾向をまとめたもの。

提唱者

ブラニスラフ・ペトロニビッチ（哲学者、古生物学者）

提唱年

1921年

古生物の系統発達において、何人もの研究者が注目した特徴的な現象をまとめたもの。1921年、セルビアの哲学者で古生物学者のブラニスラフ・ペトロニビッチが「種・系統樹および群の進化の法則」として総括した。一定の条件下でいえる経験則の形にまとめられているため、相互に矛盾しているような法則も存在する。

進化の二十四法則		
1	**放散の法則**	ある同一生物群の亜群（ある種の諸変種、ある属の諸種など）は、進化の過程で種々異なる方向へと特殊化し、やがて互いに大きく隔たる傾向がある。
2	**特殊化増大の法則**	一つの系統樹で連続している諸種は、進化に従って、次第に同一の方向に特殊化する。
3	**特殊化交代の法則**	一つの系統樹の特殊化があまり進み過ぎていない場合は、新しい部分が一つの新しい方向に特殊化することができる。
4	**特殊化追増の法則**	一つの系統樹の特殊化があまり進み過ぎていない場合は、同じ部分がさらに同一方向に特殊化することができる。
5	**非特殊化の法則**	上位の生物群（種属・類）は、常に下位の群の特殊化していない亜群から生じる。
6	**躯体大化の法則**	一つの系統樹の諸種は、進化に伴い次第に体が大きくなる。
7	**収斂（しゅうれん）の法則**	異なった生物群に属している系統樹の枝は、しばしば同一の方向に特殊化する。
8	**平行の法則**	同一群に属する系統樹の枝は、しばしば同一の方向に特殊化する。

9	**単系統進化の法則**	一つの生物群は、常に一つの単独の起源を持つ。
10	**多系統進化の法則**	一つの生物群は、二重あるいは多様な起源を持つことがある。
11	**移動の法則**	一つの生物群は、地球上の同一地点よりも、遠く隔たった地点で進化することがある。
12	**変化性逓減（ていげん）の法則**	一つの系統樹の特殊化が進むにつれて、その変異の数と範囲は減少する。
13	**進化局限の法則**	特殊化し過ぎた種類は、その子孫を残さずに滅びる。
14	**進化無限局の法則**	種は無限に変異し、常に新しい種に変化することができる。
15	**系統進化速度不同の法則**	異なる系統樹の枝の進化の速度は一様ではない。
16	**段階の法則**	それぞれの生物群は、その進化にあたり、幼年期、壮年期および老年期を経て、絶滅する。
17	**痕跡器官消失の法則**	痕跡的となり機能を営まない器官は、一つの生物群の進化にあたって次第に減少し、消失する。
18	**相関進化の法則**	諸生物群の進化は、その過程で相関の法則に従う。すなわち、進化する一つの生物の全器官（または器官の諸部分）は同時に比例的に変化する。
19	**非相関進化の法則**	生物の諸器官（または器官の諸部分）は、相関の法則に従わない。すなわち、ある部分は急速に進化するのに反し、他の部分は緩速で、ほとんど進化せずに原始的なままにとどまることもある。

20	**上昇進化の法則**	一群の器官の進化過程で、諸器官の前進的進化には、半面に必ず退化を伴う。
21	**進化不可逆の法則**	一つの生物群の進化にあたり、一生物体、一器官、器官の一部分の構造が失われるか変化すると、その後の新しい進化において、再び復旧や獲得されることはない。
22	**連続進化の法則**	一つの系統樹の連続する種の変化は、ゆっくりした前進的な変異によって起こる。
23	**不連続進化の法則**	一つの系統樹の連続する種の変化は、突然変異によって起こる。
24	**定向進化の法則**	一つの生物群の進化の連続した推移は、ある定まった方向に従う。

全か無かの法則

一つの神経細胞や筋細胞において、
刺激の強さが一定の値以下の場合は全く反応がなく、
一定の値を越えると最大限に反応するという法則。
「悉無律（しつむりつ）」ともいう。

提唱者

ヘンリー・ピッカリング・ボウディッチ（生理学者）

提唱年

1871年

一つの神経細胞や筋細胞に着目したとき、刺激の強さが閾値を超えないときは、反応は全く起きない。しかし、閾値を超えると最大限に反応し、どれだけ刺激を強くしても反応の大きさは一定のままであるという法則。「悉無律」とも呼ばれる。1871年にアメリカの生理学者ヘンリー・ピッカリング・ボウディッチが行った、カエルの心臓を用いた実験により提唱された。

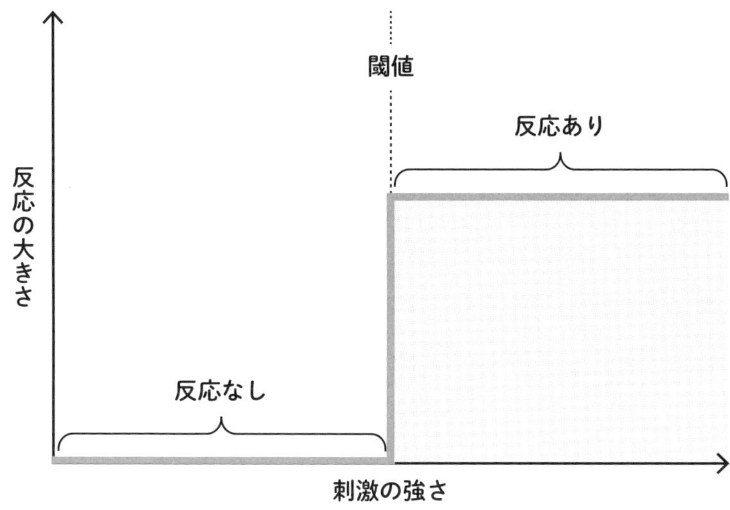

▲一つの神経細胞または筋細胞に刺激を与えたときの反応の大きさを示したグラフ。

ただし、「全か無かの法則」が成り立つのは、あくまで神経細胞や筋細胞が一つの場合のみ。反応が起きる閾値は細胞ごとに異なり、多数の細胞でできている神経や筋肉全体としては、全か無かの法則は成り立たない。神経や筋肉全体では、刺激が弱い場合は少数の細胞が反応し、刺激が強い場合はより多数の細胞が反応する。この反応する細胞の増減によって、刺激の強弱を伝えたり、筋収縮に強弱をつけることができる。

フォスターの法則

**外部から閉ざされた島では、
大型の生物は小さくなり、小型の生物は大きくなる。
「島嶼化（とうしょか）」ともいう。**

提唱者

J・ブリストル・フォスター（哺乳類学者）

提唱年

1964年

大陸から孤立した島に生息する生物は、大陸の近縁種と比べて大きくなる、もしくは小さくなる現象で、「島嶼化」とも呼ばれる。

生物の流入が発生しない島の生物は、限られた食料や生息域といった資源で生きなければならない。そのため、大型の生物の場合は、たくさんの資源を必要とする大きな個体よりも、少ない資源で体を維持できる小さな個体が生き残るようになったと考えられている。

一方、小型の生物の場合は、大陸の環境よりも捕食者の数が少なく、捕食者から逃れるための小さな体を維持する必要がない。そのため、一部の小型の生物は体が大きくなったといわれている。

例

●小型化した大型の生物

インドネシアのフローレス島で発見されたフローレス原人は、骨の調査から、成人でも1mほどの身長であったことが確認されている。

●大型化した小型の生物

フローレス島やコモド島に生息するコモドオオトカゲは、全長が200〜300cmほどあり、世界最大のトカゲといわれている。

▲コモドオオトカゲ。

フランク・スターリングの心臓の法則

**心臓が血液を送り出す能力は、
心筋が伸びるほど大きくなる。**

提唱者

**アーネスト・ヘンリー・スターリング（生理学者）
オットー・フランク（生理学者）**

提唱年

1914年

イギリスの生理学者アーネスト・ヘンリー・スターリングと、共同研究者のオットー・フランクの2人が発見した法則で、心臓が血液を送り出す能力は、拡張期に心筋が伸びるほど大きくなるというもの。

心臓は正常な状態では、心臓に流入する血液によって拡張する。そして収縮し、末梢血管抵抗※に負けない圧力で血液を送り出す。心臓への血液の流入が多いと、心臓は大きく拡張し、そのぶん大きく収縮する。

余談だが、この状態が続くと、心拡大を招いて収縮力が低下してしまう。逆に末梢血管抵抗が増大すると、心臓は心筋を強く収縮する。この状態が続くと、心肥大を招き拡張力が低下する。

心臓が正常な状態での運動は、心筋がどの程度伸びた状態かによって、収縮する能力が変化する。つまり、送り出す血液の量に影響する。心臓内にある血液の量が平均以上の場合、心筋は長く伸びた状態になる。当然、次の心臓の収縮では血液を送り出す量が平均よりも多くなる。

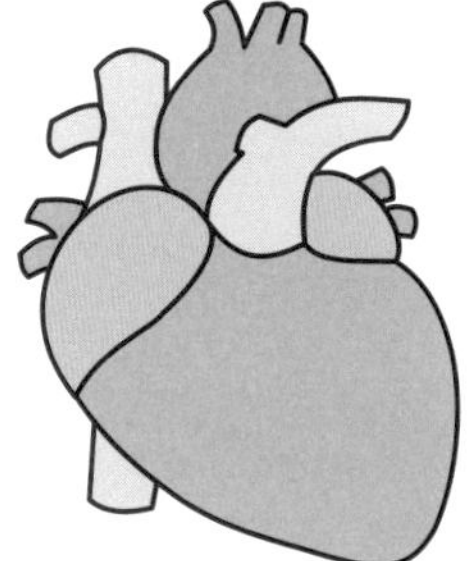

ただし、この法則は、心臓が正常に動いていることを前提としている。そのため、心臓に何らかの異常が生じているときは、この法則が適用されない場合がある。

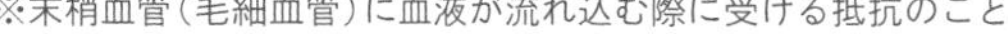

※末梢血管（毛細血管）に血液が流れ込む際に受ける抵抗のこと。

ベルクマンの法則

**恒温動物において、
同種内では寒冷地域に生息する生物ほど体重が重く、
近縁種では大型の種ほど寒冷地域に生息するという傾向。**

提唱者

クリスティアン・ベルクマン（医師、生物学者）

提唱年

1847年

恒温動物は、寒い地域に生息する個体ほど体重が増え、近縁種では大型の種ほど寒い地域に生息するという傾向。ドイツの医師で生物学者のクリスティアン・ベルクマンが1847年に発表した。類似の法則に「アレンの法則(P.268)」があり、併せて「ベルクマン・アレンの法則」と呼ばれることもある。

恒温動物の体内での熱生産量は体の体積に比例し、放熱量は表面積に比例するとされている。体が小さいと体温が上がりやすい反面、冷めやすい傾向がある。一方、体が大きい場合は、一度温まった体は冷めにくい。これは、体が大きくなるほど、体積に対する表面積(体表面積)の割合が相対的に小さくなるためだ。つまり、体内で生産した熱量に対して、体の表面から逃げる熱量を抑えられ、結果として体内に蓄積できる熱量を増やすことができる。それぞれの動物の体の構造などにより差異はあるが、大きな体は寒冷地で生きる上で有利に働く。

例

●クマ

	マレーグマ	ツキノワグマ	ホッキョクグマ
生息地	東南アジア	東アジア、 東南アジア、 西アジアの一部地域	北アメリカ大陸北部、 ユーラシア大陸北部、 北極圏
体長（オス）	約100〜150cm	約120〜180cm	約200〜250cm
体重（オス）	約25〜65kg	約50〜120kg	約300〜600kg

逆ベルクマンの法則

変温動物の同種や近縁種間において
寒冷地域に生息する生物ほど小型になる傾向。

提唱者

不明

提唱年

不明

変温動物の同種および近縁種間において、寒冷な地域に生息する生物ほど小型になる傾向がある。この傾向は、恒温動物についての「ベルクマンの法則(P.294)」の反対、すなわち変温動物についての法則ということで、「逆ベルクマンの法則」と呼ばれる。

寒い地域にいる変温動物ほど体が小さくなる理由として、以下の理由が考えられる。コオロギにおいては、寒冷地域では活動できる時間が短いため、成虫になるまでに摂取できる食料が少ないためといわれている。また、低温時に日光で体温を上昇させるトカゲなどは、体の表面積が大きいと、体にためた熱が逃げやすくなってしまうためとか、体が大きいと体温を上げるのに時間を要し、充分な活動ができなくなるためとされている。

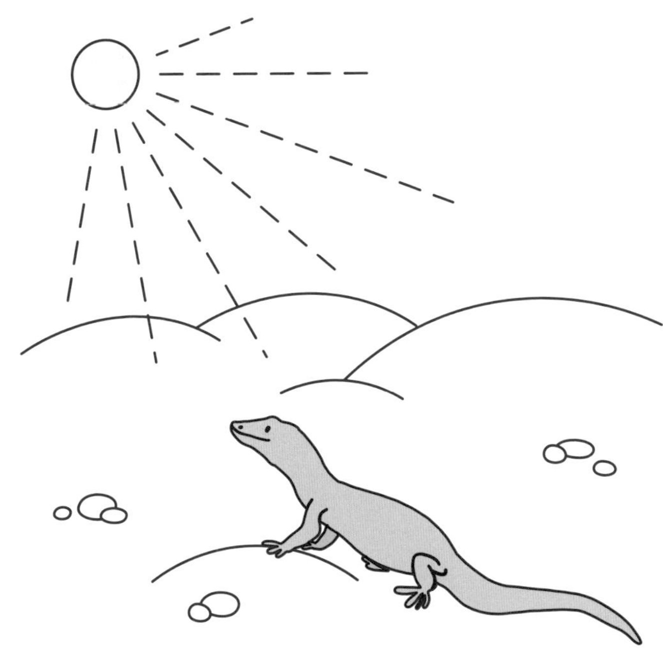

メンデルの法則

遺伝に関する3つの基本的な規則性。

提唱者

グレゴール・ヨハン・メンデル（司祭）

提唱年

1865年

オーストリア帝国(現在のチェコ)の司祭グレゴール・ヨハン・メンデルが1865年に発表した法則で、遺伝学を誕生させるきっかけとなった。メンデルは、修道院の庭でエンドウをかけ合わせる実験を行い、3つの規則性を発見した。

●優性(顕性)の法則

エンドウの種子の形(丸としわあり)や、血液型(A型とO型、B型とO型)のように、対照的な形質のうち、一方しか現れない形質のことを「対立形質」という。対立形質のうち、表に現れやすい形質を優性(顕性)形質、表に現れにくい形質を劣性(潜性)形質という。

丸い種子をつくるエンドウと、しわのある種子をつくるエンドウを交雑して、子世代の種子をつくるとする。丸い種子をつくるエンドウの遺伝子はAA、しわのある種子をつくるエンドウの遺伝子はaaと表す。交雑してできた子世代は、両親の遺伝子を一つずつ受け継ぐので、子世代の種子の遺伝子は全てAaとなる。このとき、子世代の種子は全て丸くなる。つまり、丸い形の方が優性(顕性)形質で、遺伝子Aが優性(顕性)の遺伝子ということが分かる。このように、交雑によってできた雑種の第一世代には優性(顕性)形質が現れることを、「優性(顕性)の法則」という。

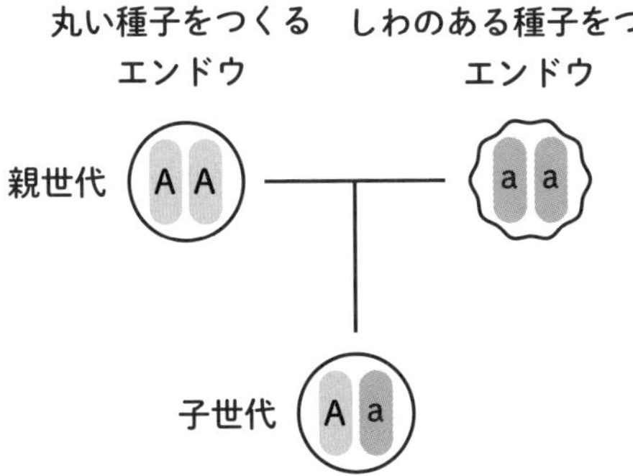

子世代の
遺伝子の組み合わせ

	A	A
a	Aa	Aa
a	Aa	Aa

なお、遺伝子でいう優性と劣性とは、どちらの遺伝子の特徴が強く現れるかということであり、優性の方が優秀で、劣性の方が劣っているという意味ではない。

また、優性(顕性)の法則に当てはまらない例も存在する。赤と白のマルバアサガオを交雑した場合、交雑してできた花の色は中間色のピンクになる。これは、マルバアサガオの対立形質に関わる遺伝子の優劣関係が不完全なためだ。この現象を「不完全優性」という。

●分離の法則

配偶子(植物の卵細胞や精細胞、動物の卵や精子)を形成するとき、対になっている遺伝子が分かれて別々の生殖細胞に分配されることを、「分離の法則」という。

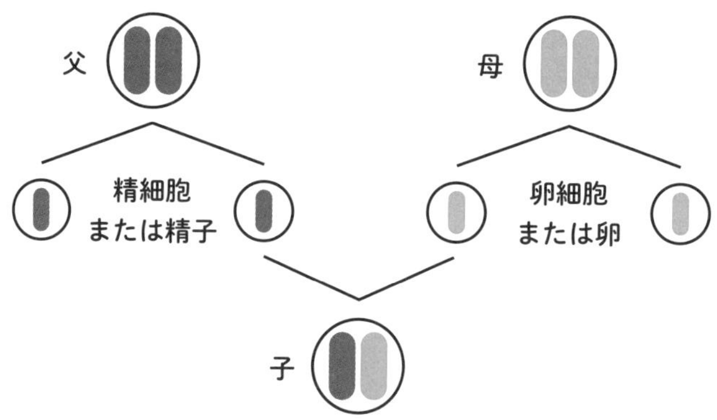

Aaの遺伝子を持つ子世代の種子同士をさらに交雑して、孫世代の種子をつくるとする。孫世代は、片方の子世代からAかaの一方の遺伝子を同じ確率で受け継ぐ。さらにもう片方の子世代からも遺伝子を同様に受け継ぐため、AA、Aa、Aa、aaの遺伝子を持つ種子がそれぞれ4分の1の確率でできる。そのうち優性(顕性)の遺伝子Aが含まれる組み合わせが3種類あるので、丸い種子としわのある種子の比

率は3：1となる。広義では、孫世代に現れた形質の比が3：1になることについても、分離の法則に含まれる。

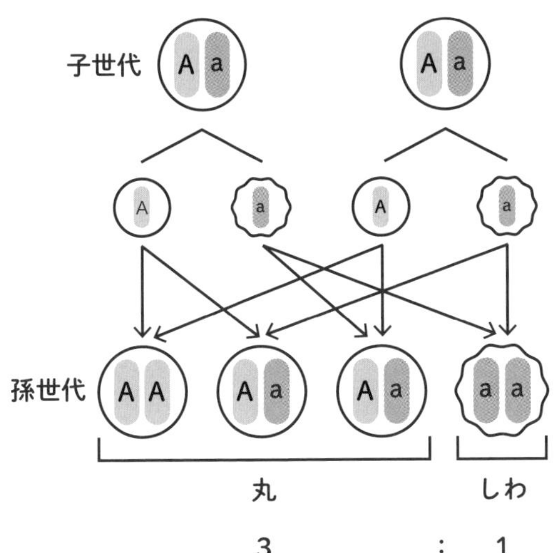

孫世代の遺伝子の組み合わせ		
	A	a
A	AA	Aa
a	Aa	aa

●独立の法則

複数の対立形質が次世代に遺伝する際、それぞれの形質に関わる遺伝子は独立して遺伝し、互いに影響を及ぼし合わないことを「独立の法則」という。

エンドウには、種子の形以外にも、草丈が高い・低いという対立形質がある。草丈が低く丸い種子と、草丈が高くしわのある種子を交雑したときに、草丈を決める遺伝子や種子の形を決める遺伝子は、互いに影響を及ぼし合うことなく、それぞれ独立して次世代に遺伝する。そのため、「草丈が低いエンドウは種子が丸くなりやすい」とか、「草丈が高いエンドウは種子がしわになりやすい」といったことは起こらない。ただし、独立の法則が成立するには、それぞれの対立形質に関わる遺伝子が別の染色体に含まれているということが条件となる。

ルーの法則

筋肉は使わなければ退化し、適度に使うと発達し、
過度に使うと障害を起こす。

提唱者

ヴィルヘルム・ルー(発生学者)

提唱年

不明

筋肉は使わずにいると次第に細くなって退化し、適度に使うと太く発達する。しかし、過度に使うと障害を起こしてしまう。19世紀後半から20世紀前半に活躍した、ドイツの発生学者ヴィルヘルム・ルーが提唱した。この法則は、「動作性肥大の原則」、「不活動性萎縮の原則」、「長期にわたる機能向上制限による器官の特殊な活動能力減退の原則」の3つから成る。

動作性肥大の原則とは、使った筋肉は大きくなるという原則。腕を鍛えても足の筋肉は大きくならない通り、負荷をかけた筋肉のみが肥大する。筋肉に負荷をかけると、筋肉の元となる筋繊維が損傷する。すると筋肉は、再び同じ負荷がかかった際に耐えられるように、筋繊維を強く太く修復するため、筋肉が肥大する。

不活動性萎縮の原則とは、使わない筋肉は萎縮するという原則。筋肉は何もしていないときでも多くのエネルギーを消費する。そのため、使わない筋肉があると、エネルギーを無駄に消費するのを防ぐため、細くなっていく。

長期にわたる機能向上制限による器官の特殊な活動能力減退の原則とは、筋肉が修復する前に過度な負荷がかかり続けると障害を起こすという原則。疲労回復に必要な栄養と休養が不十分なまま、過剰なトレーニングを繰り返すことで陥る慢性疲労状態、いわゆる「オーバートレーニング症候群」がこの原則に当てはまる。

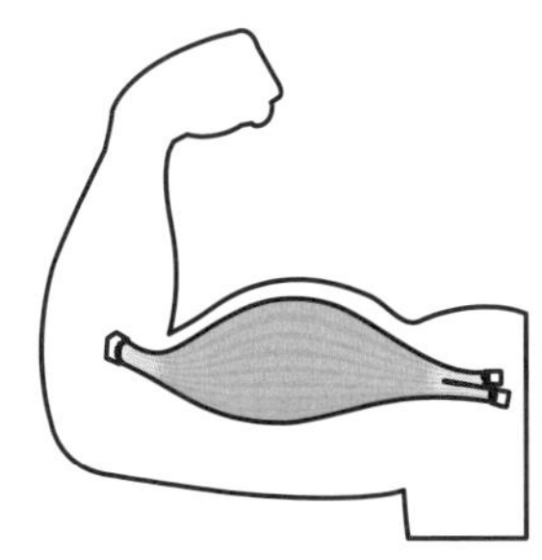

活用

「ルーの法則」を発展させたトレーニングの原理原則に基づいて、効率よく安全なトレーニングを心がけよう。

体を鍛えたときの影響を示しているのが、以下の4つの原理だ。

●過負荷性の原理

日常生活以上の負荷を体にかけることで、機能が向上すること。ある程度トレーニングに慣れてきたら、少し負荷を上げてトレーニングをすることが必要だ。

●特異性の原理

トレーニングで刺激した筋肉にのみ効果が表れること。特に競技スポーツをしている人は、競技特性を踏まえた上で、どこの筋肉をどのような動作で鍛えるべきかを考えることが大切だ。

●可塑性の原理

トレーニングを続けている間は筋肉や効果を維持できるが、トレーニングをやめると徐々に失われていくこと。トレーニング期間が長い人より短い人の方が、筋力の低下が早いとされている。

●適時性の原理

年齢に応じたトレーニングを選択すること。例えば幼少期は、本格的な筋トレをしてしまうと体の成長を阻害する可能性があるため、平衡感覚や敏捷性（びんしょうせい）を養う運動遊びが適している。

また、トレーニングを行う際に守るべき原則が、以下の5つだ。

●全面性の原則

全身をバランスよく鍛えることが大切ということ。気になる部分だけ鍛え続けると、体のゆがみや損傷につながる。

●漸新性の原則

トレーニングの強度や量、難易度は、徐々に上げていかなければならないということ。運動強度を急に上げると、けがの危険が伴う。

●意識性の原則

トレーニングを行う目的をよく理解することが大切ということ。そのトレーニングによってどこが鍛えられ、どのような能力が向上するのかを考えながら取り組む方が、効果が表れやすい。

●反復性の原則

トレーニングは継続的に行うことが大切ということ。長期間繰り返し行うことで、目に見える効果が期待できる。

●個別性の原則

一人一人に合わせたトレーニングを行うことが大切ということ。性別、体質、年齢、経験値、目的など全てが同じ人間はいないため、各個人に合うトレーニングメニューが必要となる。

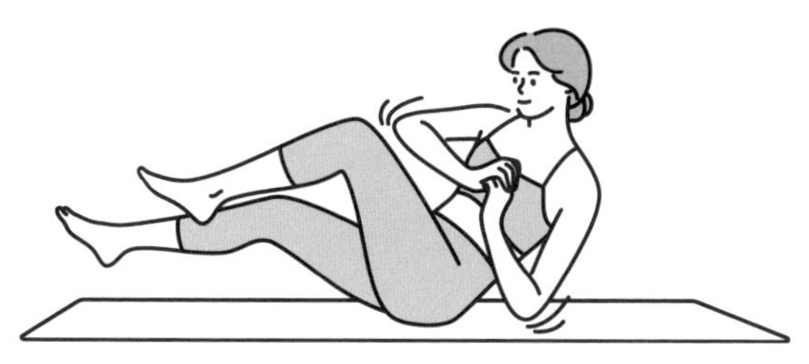

最強ツール！

数学・工学の法則

慣性の法則

**物体に外部から力が働かないとき、
あるいは働いても釣り合っているとき、
静止している物体は静止し続け、
運動している物体は等速直線運動を続ける。
「運動の第一法則」ともいう。**

提唱者

アイザック・ニュートン（科学者）

提唱年

不明

物体に外部から力が働かないか、あるいは働いても釣り合っている場合、静止している物体は静止し続け、運動している物体は等速直線運動を続けるという法則。16〜17世紀のイタリアの科学者ガリレオ・ガリレイが発見し、後に17〜18世紀のイギリスの科学者アイザック・ニュートンが法則として整理した。なお、運動している物体は現実には摩擦力があるため、いずれは静止するが、仮に摩擦力が0だとすると、永遠に等速直線運動を続ける。

例

●乗り物

自動車や電車などの乗り物が停止している状態から急発進すると、乗客の体がシートの背もたれに押し付けられたり、進行方向とは反対向きに体が倒れるといった現象が起きる。これは、乗客の体は静止状態を続けているが、乗り物が急に動き出すことによって生じる。また、一定のスピードで走っている乗り物が急停止すると、乗客の体は進行方向に倒れる。これも、乗客の体は進行方向に動き続けようとしているが、乗り物が急に止まるために生じる。

●だるま落とし

木槌で打たれた積み木よりも上にある積み木は、静止状態を続けようとして、一瞬宙に浮いたまま停止するが、すぐに重力によって下に落ちる。

フレミングの左手の法則／フレミングの右手の法則

電磁誘導の原理を手の形で表したもの。

提唱者

ジョン・アンブローズ・フレミング（電気技術者、物理学者）

提唱年

1884年ごろ

イギリスの電気技術者で物理学者のジョン・アンブローズ・フレミングが考案した、電磁誘導の原理を手を使って説明したもの。フレミングは1884年に電気工学の教授に就任し、このころにこれらの法則を考案したといわれている。何度も電磁誘導について説明しても、磁場と電流の関係を覚えられない学生がいたため、学生が理解しやすいように手の形で表した。

●フレミングの左手の法則

磁場内の導体に電流を流したときに導体が受ける力の向きを示すもので、モーターの原理となっている。左手の中指、人さし指、親指を互いに直角になるように立てたとき、中指は電流の向き、人さし指は磁場の向き、親指は導体が受ける力の向きを表す。

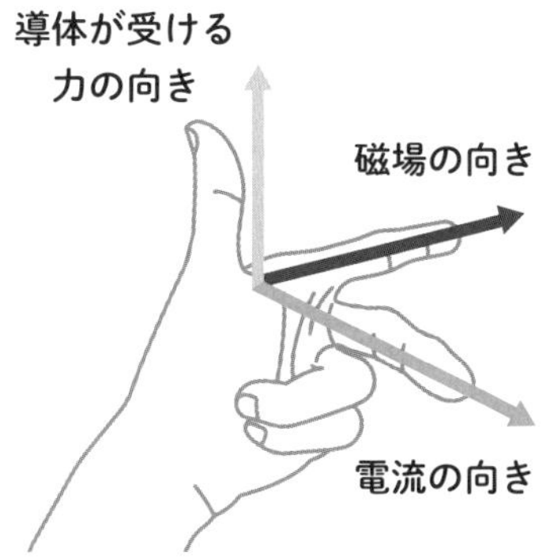

▲フレミングの左手の法則。

●フレミングの右手の法則

磁場内で導体を動かしたときに導体に生じる起電力（回路に電流を流す原動力）の向きを示すもので、発電機の原理となっている。右手の中指、人さし指、親指を互いに直角になるように立てたとき、中指は起電力の向き、人さし指は磁場の向き、親指は導体が移動する向きを表す。

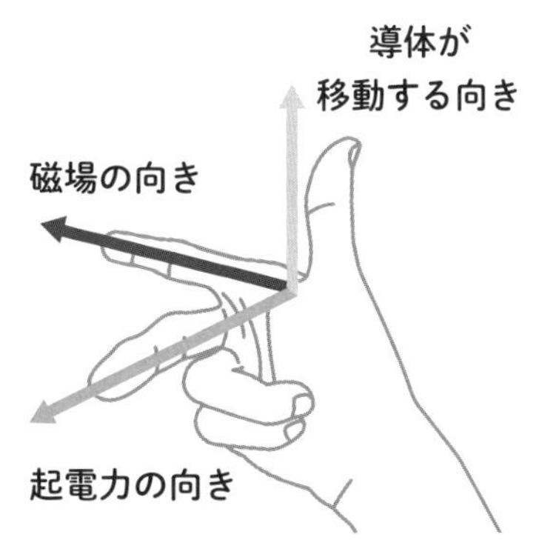

▲フレミングの右手の法則。

ベンフォードの法則

自然界にある数字の最初の桁の分布は一様ではなく、特定の割合で分布するという法則。

提唱者

サイモン・ニューカム（天文学者）

提唱年

1938年

自然界にある数字の最初の桁は1が最も多く、2、3と数字が大きくなるにつれて最初の桁に現れる確率は低くなり、9から始まる数字は最も出現する確率が低くなる。この法則は、1881年にアメリカの天文学者サイモン・ニューカムが発見した。その後、1938年に同国の物理学者フランク・ベンフォードが再発見し、「ベンフォードの法則」と名付けられた。最初の桁の数字がdとなる確率をP(d)とおくと、出現率は$P(d)=\log_{10}((d+1)/d)$という式で表される。

最初の桁の数字(d)	1	2	3	4	5	6	7	8	9
出現率(P)	30.1%	17.6%	12.5%	9.7%	7.9%	6.7%	5.8%	5.1%	4.6%

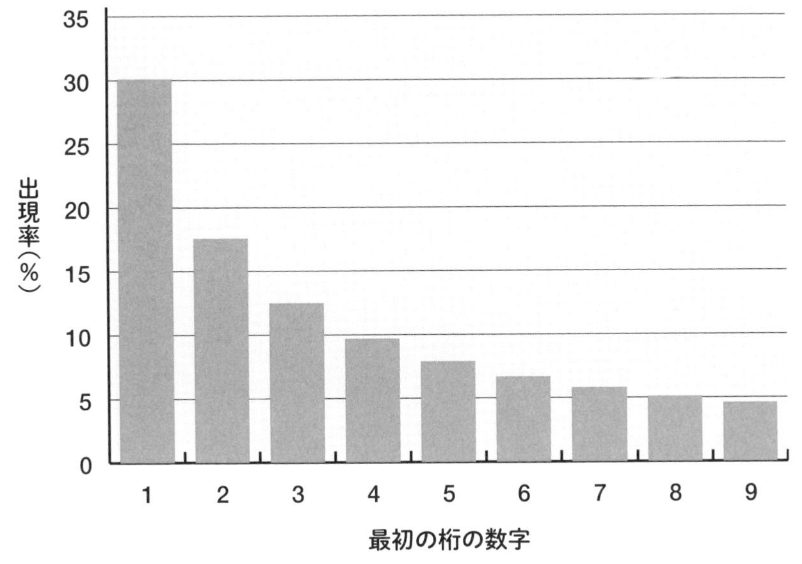

この法則は、川の長さ、山の標高、人口、株価、公共料金の請求書など、さまざまなデータに適用できるとされている。ただし、あ

る特定のルールによって割り振られている数字（電話番号、自動車のナンバープレート、銀行の口座番号など）には適用されない。また、おおよそ1〜2mに収まる人間の身長など、数値の範囲が制限されていて、その範囲が狭い場合も適用されない。

ベンフォードの法則が成り立つ理由

例えば自然界では、細菌の増殖のように、その数が一定の時間間隔で2倍に増えていくケースがしばしば見られると考えられる。このとき、仮に細菌の数が1年で2倍に増えるとすると、最初に細菌が100個ある場合は、1年後には200個になる。この間、個数の最初の桁の数字はずっと1のままだ。そして、2年後には400個、3年後には800個、4年後には1600個に増える。このうち、最初の桁の数字が5である期間（500個から600個に増える期間）は約3カ月しかない。同様に、1000個から2000個に増えるのにかかる期間は1年だが、5000個から6000個に増えるのにかかる期間は、やはり約3カ月だ。

このように、最初の桁の数字が1である期間は、他の数字である期間に比べて特に長くなり、数字が大きくなるにつれて出現する期間は短くなる。時間とともに増加する数値は、ベンフォードの法則に当てはまるといわれている。

活用

ベンフォードの法則は、数字の改ざんの検証に有効だ。

●SNSのフォロワー数

著名人であるケースを除いて、一般的にフォロワー数は、最初の100人に達するまでは少しずつ増加していく。1000人、2000人に達するまでの数字にも同じことがいえるので、全ての段階でベンフォードの法則が適用される。しかし、著名人でもなくフォロワー数が急激に増える要素がないにもかかわらず、突然フォロワー数が増えた場合は、ベンフォードの法則に当てはまらなくなるので、フォロワー数を不正に増やしている可能性が高いとみられる。

●経費管理

会社の帳簿や領収書などで金額を偽装しようとする人は、最初の桁の数字を1～9まで均等に分布させようとしたり、逆に特定の数字に偏った分布にしようとする傾向がある。ベンフォードの法則では、各数字が出現する割合は決まっているため、最初の桁の数字の割合がこの法則から大きく外れている場合は、疑わしいと判断した方がいいだろう。

マーチンゲールの法則

賭け事で負けたときに次の賭け金を2倍にして
負けた分を取り戻す賭け方。
勝つまで賭け続けると、最初の賭け金分が利益になる。

提唱者

不明

提唱年

不明

カジノゲームでは有名な手法で、勝率が50%で配当が2倍のルーレットやバカラなどに有効とされている。どれだけ連敗が続いても、1回の勝利で全ての損失を取り戻すことができるため、理論上では必ず勝てる手法といわれている。

「マーチンゲールの法則」の手順は至ってシンプルだ。初回に賭ける金額を決め、勝敗によって次の賭け金を変更する。負けた場合は2倍の金額を賭け、勝った場合は初回の賭け金に戻す。

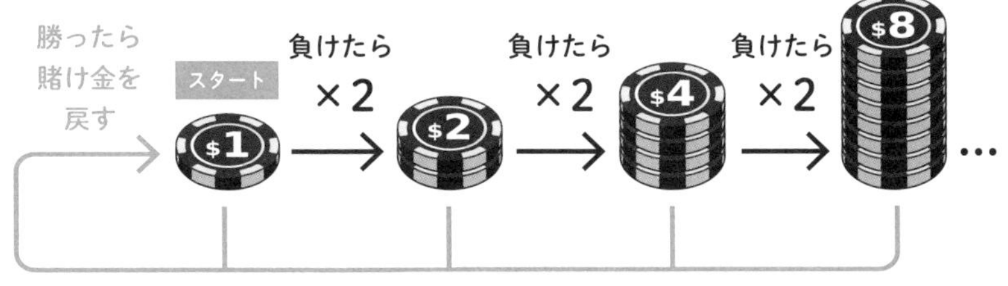

▲マーチンゲールの法則を1ドルからスタートした場合。

理論上では負けない手法ではあるが、以下の理由により、必ずしも勝てるとは限らない。

多くのカジノゲームでは、一度に賭けられる最大金額が定められており、上限が低いものでは数百ドル程度のゲームも存在する。1ドルからスタートしたとして、負けが9〜10回目まで続くと賭け金が上限に達し、その段階で強制終了となるため、それ以上はマーチンゲールの法則を継続できない(9回目で512ドル、10回目で1024ドルで、多くのカジノはこのあたりに上限が設定されている)。また、仮に10連敗すると賭け金が1024倍にも膨らむ。そのため、強制終了となる前に一度も勝てなかった場合は、大きな損失を抱える可能性がある。

簡単な賭け方である一方、連敗すればするほどリスクが大きくなるということを理解する必要がある。

リトルウッドの法則

人は約1カ月に一度は奇跡を体験しているということ。

提唱者

ジョン・エデンサー・リトルウッド(数学者)

提唱年

1953年

イギリスの数学者ジョン・エデンサー・リトルウッドが1953年に発表した法則で、奇跡は約1カ月に一度は起こり得るというもの。

リトルウッドは奇跡を「100万回に一度しか発生しない例外的な事象」と定義した。人が一日のうち明確に覚醒した意識で活動する時間は8時間であるとして、その間は五感から情報を得たり、他の人と関わるなど、必ず何らかの事象が発生する。その頻度を1秒に一度と仮定する。その結果、この仮定下では約35日間で100万回の事象が発生することになるため、約35日間に一度、およそ1カ月に一度は奇跡を体験していることになる。つまり、奇跡は日常にありふれているといえる。

「リトルウッドの法則」は、奇跡的な出来事や予想外の偶然が起こることを説明するために引用されることもある。ただし、この法則は、数学的な厳密性や科学的な根拠に基づいたものではなく、推論として捉えられている。

ロボット工学の三原則

人間への安全性、命令への服従、自己防衛を目的とした、ロボットが守るべきとする原則。

提唱者

アイザック・アシモフ（作家）

提唱年

1942年

アメリカのSF作家アイザック・アシモフの小説における、ロボットが従うべきとして示された原則。アシモフが1942年に発表した短編小説『堂々めぐり』で紹介された。後のロボット作品のみならず、現実のロボット工学にも影響を与えた。

第一条：ロボットは人間に危害を加えてはならない。また、人間が危害を受けるのを何も手を下さずに黙視していてはならない。
第二条：ロボットは人間の命令に従わなくてはならない。ただし、その命令が第一条に反する場合は除く。
第三条：ロボットは、第一条と第二条に反する恐れのない限り、自己を守らなければならない。

当時の欧米で、命の創造を題材とした文学作品では、創造者が自ら創造した物に滅ぼされるストーリーが多かった。アシモフはこの状況に納得いかず、「人間の製造物なら何らかの安全装置があって然るべき」と考えた。そして、それまでの文学作品と一線を画すために、自身の小説に登場するロボットに規制を設けたとされている。
なお、三原則で定めている、ロボットが守るべき人間とは個々の人間のことであり、集団としての人類ではなかった。アシモフが1985年に発表した小説『ロボットと帝国』では、三原則よりも優先度が高い第零条が加えられた。第零条では第一条の「人間」が「人類」に置き換わり、これにより第一条は条件付きの原則となっている。

第零条：ロボットは人類に危害を加えてはならない。また、人類が危害を受けるのを何も手を下さずに黙視していてはならない。
第一条：ロボットは人間に危害を加えてはならない。また、人間が危害を受けるのを何も手を下さずに黙視していてはならない。ただし、第零条に反する場合は除く。

不確かな時代を生き抜く！

医学の法則

9の法則／5の法則

**熱傷（やけど）による皮膚の損傷が
どの程度広がっているのか、
素早く推定するための方法。**

提唱者

不明

提唱年

不明

熱傷面積を簡易的に算出する方法で、救急隊による現場での評価や、救急外来での初期評価として用いられる。

「9の法則」は、成人の熱傷面積を推定するときに使用される。首から顔、頭を9%(顔面のみ、もしくは頭部のみの場合は4.5%)、上肢を9%(片面のみの場合は4.5%)、下肢を18%(片足9%×2、もしくは前面9%・後面9%、下腿で9%・大腿で9%)、体幹を前面後面各18%(もしくは前胸部9%・腹部9%、胸背部9%・腰背部殿部9%)、陰部を1%としている。

「5の法則」は、主に幼児や小児の熱傷面積を推定するときに使用される。首から顔、頭を幼児では20%、小児では15%、成人では5%としているのが特徴だ。

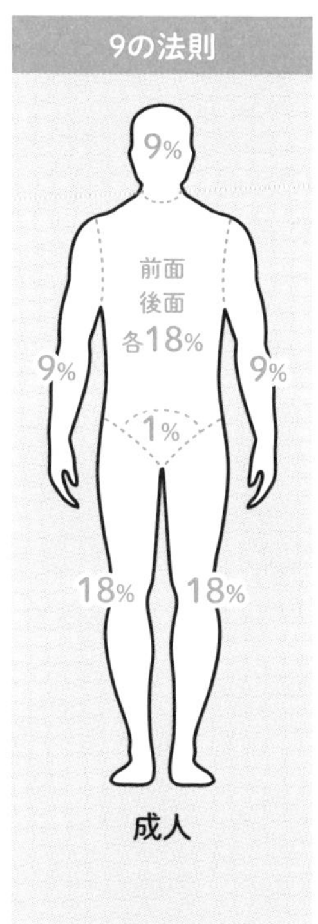

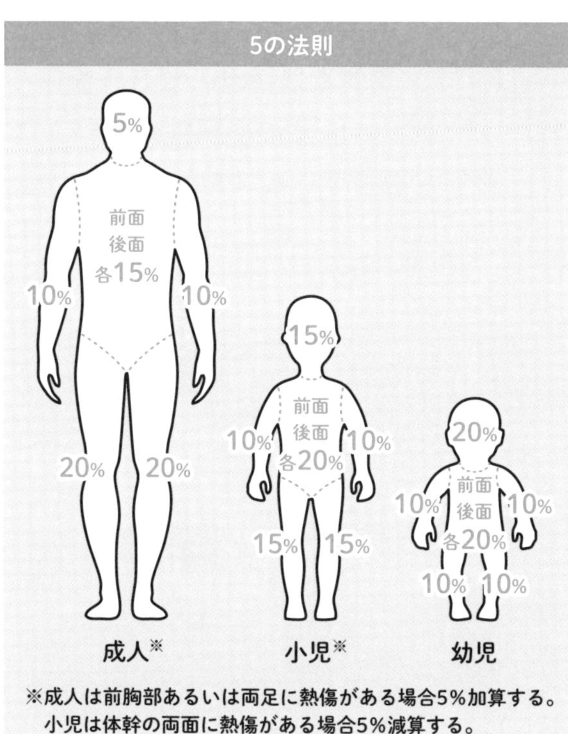

逆さま医療ケアの法則

医療の必要性が低い人ほど
良質な医療サービスを受けやすく、
医療の必要性が高い人ほど
良質な医療サービスを受けにくい傾向があること。

提唱者

ジュリアン・チューダー・ハート（臨床医）

提唱年

1971年

イギリスの臨床医ジュリアン・チューダー・ハートが1971年に医学雑誌で提唱した考え方で、良い医療サービスの確保は、そのサービスが提供される人々の医療ニーズが高くなるほど、反対に困難になる傾向があること。つまり、生活困窮者、無保険者、高齢者、障害者、エイズ患者、被災者、難民など、健康を損なわれやすい条件下にある人々が病気になった場合、必要となる医療サービスから最も遠ざけられ、不利な立場に追い込まれやすくなるということだ。

さらにハートは、医療が市場にさらされることにより、この傾向が顕著になると指摘した。本来は公共財であるはずの医療が市場化されると、患者として必要なことではなく、顧客として求めていることに応じる傾向が強くなる。このような医療提供体制では、利益の追求が正当付けられ、ニーズに見合わない医療サービスを生み出すことにつながるといわれている。

サットンの法則

病名を診断する際は
最も確かな疾患の検査を最初に行うべきという鉄則。

提唱者

ウィリアム・ドック（医師）

提唱年

不明

アメリカの大学の医学部が学生に教える鉄則で、病名を診断するときは、最も可能性の高い疾患の検査から最初に実施するべきというもの。最も確実な診断をするために、余計な検査を省いて肝心な検査に専念することで、治療法を迅速に見つけることができる上、検査費を安く抑えられるということを表している。この鉄則は、イェール大学の医師ウィリアム・ドックが学生に伝えたのが最初だが、この鉄則の元になったのは、20世紀のアメリカの銀行強盗ウィリー・サットンの言葉だ。

ウィリー・サットンは1920～1930年代にかけて多くの銀行に強盗に入り、総額200万ドルを盗んだ。彼がインタビューを受けた際、記者から「あなたはなぜ銀行強盗をするのか」と質問された。するとサットンは、「そこにお金があるから」と答えたという。確実にお金がある場所を狙えば、無駄を省いて効率よくお金を得られるということだ。後にサットンは、このように発言したことを自伝で否定しており、銀行でお金を盗むのが楽しくて好きだったからと述べている。

RICEの法則

外傷を受けたときの基本的な応急処置方法。

提唱者

ゲイブ・マーキン（医師）

提唱年

1978年

打撲や捻挫など、急なけがに対する応急処置の方法で、Rest（安静）、Ice（冷却）、Compression（圧迫）、Elevation（挙上）の頭文字を取ったもの。1978年にアメリカの医師ゲイブ・マーキンが提唱した。

●Rest（安静）

患部を動かさないよう安静にすることで、二次損傷を防ぐ。

●Ice（冷却）

ビニール袋やアイスバッグに氷を入れて、患部を冷やす。

●Compression（圧迫）

包帯やテーピングなどで適度に圧迫し、腫れや内出血を抑える。

●Elevation（挙上）

患部を心臓よりも高い位置に保ち、内出血を防ぐ。

なお、近年では、Protection（保護）を加え、Rest（安静）をOptimal Loading（最適な負荷）に置き換えた、「POLICE処置」という概念が主流になりつつある。

●Protection（保護）

装具などで患部を保護し、悪化や再受傷を防ぐ。

●Optimal Loading（最適な負荷）

適切な負荷をかけて血液の循環を促す。専門家の判断が必要。

これらはあくまで応急処置であり治療ではないため、処置後は速やかに医療機関を受診しよう。

索引

法則名

数字・アルファベット

あ

か

わ

提唱者名

※外国人はカタカナ表記での索引になっています。名での検索になります。日本人の場合は姓の読みでの検索になります。

あ

か

さ

【監修者】鈴木伸介
1979年奈良県生まれ。早稲田大学理工学部卒業。医学部受験専門数学マンツーマン指導Focus代表講師。株式会社数字アカデミー代表取締役。これまで400名を超える生徒に数学個別指導を行い、受験生本人が気づかない思考の「くせ」に着目した独自の学習メソッドにより、多数の医学部合格者を輩出している。また大学受験生だけに留まらず、社会人を対象とした数学コミュニティ「おとなのENJOY！数学クラブ」と「ママのための算数・数学サロン」を運営、ともに主宰者を務める。敬遠されがちな数学を「楽しむ」活動の普及に尽力している。2019年2月『もう一度解いてみる 入試数学』（すばる舎）出版。

先が見えない時代を予測する

法則大全100

2024年3月18日　初版第1刷発行

監修　鈴木伸介
編集　EDing Corporation
デザイン　谷伸子・梶間伴果・遠藤葵

発行人　石井悟
発行所　株式会社 自由国民社
〒171-0033　東京都豊島区高田3-10-11
電話　営業部　03-6233-0781
　　　編集部　03-6233-0786
ウェブサイト　https://www.jiyu.co.jp/

印刷所　横山印刷株式会社
製本所　新風製本株式会社